名师名校名校长

凝聚名师共识
回应名师关怀
打造名师品牌
培育名师群体

顾明远题

小学数学课堂中多元教学方式的应用研究

冯启泽 ◎ 著

中国文联出版社

图书在版编目（CIP）数据

小学数学课堂中多元教学方式的应用研究 / 冯启泽
著. — 北京：中国文联出版社，2022.7
ISBN 978-7-5190-4891-4

Ⅰ.①小… Ⅱ.①冯… Ⅲ.①小学数学课—课堂教学
—教学研究 Ⅳ.①G623.502

中国版本图书馆CIP数据核字（2022）第127070号

著　　者　冯启泽
责任编辑　刘　旭
责任校对　刘秋燕
装帧设计　刘贝贝　李　娜

出版发行　中国文联出版社有限公司
社　　址　北京市朝阳区农展馆南里10号　　邮编　100125
电　　话　010-85923025（发行部）　010-85923091（总编室）
经　　销　全国新华书店等
印　　刷　北京四海锦诚印刷技术有限公司

开　　本　710毫米×1000毫米　　1/16
印　　张　16.25
字　　数　216千字
版　　次　2022年7月第1版第1次印刷
定　　价　58.00元

序 言

语文老师看数学：别样的数学课堂教学

从教30余年，读书时对数学殿堂无限憧憬的我，阴差阳错成为一名小学语文教师，在我的思维世界里，数学课堂从头至尾都是公式、定理、数字和一堆莫名其妙的与生活实际毫无关系的习题，直到前段时间，冯启泽校长的《小学数学课堂中多元教学方式的应用研究》书稿放在我的案头，我才幡然醒悟：数学课堂同样精彩。

《小学数学课堂中多元教学方式的应用研究》一书呈现在我脑海的数学课堂是训练场，在训练中形成数学技能；是游乐场，在游戏活动中理解数理关系；是加工场，在点、线、面的圈画中构建空间思维。训练、游乐、加工，核心是活动。能力在活动中发展，才华在活动中展现，数学核心素养在活动中提高。

从语文教师的角度看，本书构建的高效课堂教学方式、典型教学方式、创新教学方式、实践教学方式、生活化教学方式与语文课堂一脉相承，展示了由预设到个案生成、由创新到生活、由实践到高效的数学课堂的教学过程，具有较强的实用性，尤其是对初登教坛的年轻教师掌握数学课堂教学的规律，提高驾驭课堂教学的能力有很大帮助。

笔者和数学教研员曾经聊过小学数学课堂和语文课堂的共性现状，坐标回到了共性问题上——教师关注教学认知目标多，关注学生发展少；关注知识点多，关注知识结构，学生学习方法、方式少；关注结论多，关注学生探究发现的过程少。从旁观者的角度，我想：《小学数学课堂中多元教学方式的应用研究》一书很好地回答了上面的问题。

一位特级教师曾经说过：一个好的老师要对自己从事的学科教学有感觉，要有基础的学科知识储备和灵活运用学科知识的能力，愿意努力在教学岗位上传递知识，有投入感，享受教学过程和教学工作带来的成果和乐趣。我想：本书作者冯校长就是这样一位好老师。他作为茂名市名校长工作室主持人，从事小学数学教学近三十年，深受学生喜爱和敬佩。有了他敬业、努力、爱生、创新的数学教育实践，才有了书中记述的师生共同创造的一个个鲜活、生动、感人的数学学习事例，才有了健康、积极、活泼的数学学习氛围和丰富、富有创造力的学生学习数学过程。

当然，本书还存在着一些不足之处。例如，某些篇目文本细读角度的选择、某些教学环节的设计与教学方法、个案论证的运用或未尽如人意，或值得商榷。但我相信老子所说的："企者不立，跨者不行。自见者不明，自是者不彰，自伐者无功，自矜者不长。"冯校长及其团队不断思索，更臻完美之境为时不远。

教学，需要情怀，更需要担当，致力于小学数学课堂中多元教学方式的应用研究的冯校长，会给农村小学数学教学带来新的希望。我衷心地祝愿并坚定地相信，冯启泽校长的不懈追求与勤奋创新一定会在其教育教学事业上再出佳绩，再创新高。

信宜市教师发展中心教育教学研究室　陈少海

2021年7月1日

前　言

当前教育背景下，随着素质教育的不断深入开展和新课改的不断推进，传统数学教学理念和教学方式开始面临着重大的挑战，新的教学理念和教学方式开始应用在数学教学的过程中。《义务教育数学课程标准（2011年版）》明确指出：数学教学活动应激发学生兴趣，调动学生积极性，引发学生的数学思考，鼓励学生的创造性思维；要注重培养学生良好的数学学习习惯，使学生掌握恰当的数学学习方法。传统的数学课堂是教师的一言堂，这种"纯数学课"的教学方式已经不适应时代的发展。因此，在小学数学教学中开展多元化教学方式是势在必行的。在多元化教学方式下，不仅可以丰富数学课堂的教学形式，还有利于活跃学生的数学思维，将课堂教学变得生动形象，使课堂教学氛围变得轻松愉快，能够最大限度地调动学生学习兴趣和课堂积极性。

鉴于此，笔者对自己近三十年的小学数学课堂的教学经历与研究进行了回顾，撰写了《小学数学课堂中多元教学方式的应用研究》一书。全书以小学数学课堂中的预设与生成、小学数学课堂的设计思想与过程、小学数学课堂的教师与学生、核心素养下小学数学课堂教学方式为切入点，重点探讨小学数学课堂的典型教学方式、创新教学方式、实践教学方式以及小学数学课堂生活化教学方式的意识形态、小学数学课堂互动媒介教学方式及其应用。

本书有两个特点：一是具有实用性。本书理论与实例密切结合，融研究性与实用性为一体，每章既有抽象的理论探讨，又有具体的实例分析，且涵盖小学数学的不同课型和不同学段，指导性强，便于学习；二是具有可读性。力求用通俗的语言，简明扼要地阐述新课标下小学数学课堂的教学方式及其应用。

笔者在撰写本书的过程中，得到了许多专家学者的帮助和指导，在此表示诚挚的谢意。由于笔者水平有限，加之时间仓促，书中所涉及的内容难免有疏漏之处，希望各位读者多提宝贵意见，以便笔者进一步修改，使之更加完善。

冯启泽

2021年5月

第六章　互动媒介教学方式及其应用

第一章

绪 论

第一节　构建高效课堂
——小学数学课堂中的预设与生成

　　当前在数学教学中越来越重视预设与生成问题。而课程体制的不断改革，教师的教学观念也随之发生变化，更加注重生成性课堂的构建，能够让学生经历知识的形成过程，真正彰显出学生的学习主体性。与此同时，教师需要对教学内容进行深层次把握，能够将数学知识融会贯通，对学生在生成课堂中出现的问题给予妥善的处理，显而易见预设是重要且必要的。因此，数学教师需要兼顾课堂中的预设与生成，从而为学生打造出高效、精彩的数学课堂，实现学生的数学能力与综合素养的全面发展。

一、小学数学课堂预设与生成的关系

（一）预设是生成的前提

　　在小学数学课堂中的预设与生成，教师课前的预设，是课堂上生成的前提。因此，在教师备课时对教材进行认真研读，充分准备好教学的资料，整理教学的知识点。同时教师提前备课，还需要做好教学环节的预设工作。由于每一个学生都是独立的个体，尤其是小学阶段的学生，其不可控的因素较多，所以只有教师更为全面地了解每一位学生，尽可能对学生在数学课堂上发生的一系列状况提前预设，才能更加从容、冷静地面对课堂的一切"意外"发生，从而进行妥善的处理，达到最佳的课堂教学效果。

（二）预设与生成的转化

预设就是预先设定与计划；生成是事物的发生、发展形成的结果。因此，预设与生成是教学的一个整体，并非是存在矛盾的独立个体，两者之间具有相互依存、互相转化的关系。由于在传统的小学数学课堂教学中，教师过于强调教学的预设，反而忽略了生成，只是要求学生按照课前的预设内容进行学习，完全忽视了学生的课堂主体性。其实这样的教学方法与教学理念存在偏差。所以教师只有在课前做好足够的教学准备工作，才能促进生成课堂的有效形成，而生成的发生与完成更是预设的体现，也就是说生成是预设的升华，因此教师要把握好两者的转化关系，明确预设与生成的本质，促使预设成为学生生成的指南针，以此来构建高效的生成性数学课堂。

二、小学数学课堂预设与生成的有效策略

（一）精心预设，进行课堂留白

成功的数学课，是由多个环节组成的。因此，在小学数学课堂教学中，教师要精心地"预设"，尤其是在教学准备工作过程中，不仅要梳理好教学内容，包括重点、难点知识，还要提前预测学生可能在课堂中提出的问题、针对知识点提出的疑问等，以便为课堂生成留白，给予学生充足的自主思考与学习空间，进一步激发学生的创造性，实现学生的高效率数学学习。因此，没有高质量的预设，就不会有精彩的生成，所以只有教师充分发挥教学的组织与引导作用，对课堂教学进行充分预设，才能引领学生走向正确的学习轨道，从而促进教师构建高质量的数学课堂。

例如，北师大版"周长"一课，数学教师就要做好留白，给予学生10分钟的时间用于思考，鼓励学生去自主猜想周长的测量方法，并进行验证，交流展示。主要目的在于学生对周长计算方法的理解与掌握，并且运用所学的周长知识解决实际生活问题，培养学生对日常生活中数学现象的好奇心与求知欲，激发学生积极学习数学知识的兴趣，只有教师精心做好教学预设，才能顺利完成生成，实现学生的数学能力与学习效率的有效提升。

（二）结合教学进程，调整预设

在小学数学课堂中的预设与生成，预设是生成的基础，也是促进生成的途径。由于教师面对的教学对象为小学生，其个性差异较大，无论在学习还是生活中都有不同的表现，所以在实际的数学课堂上，教师要认识到学生之间的差异性，尤其在知识讲解时，学生会产生的不同意见。而正因为课堂教学的变化之大，无论是多充足的预设也无法预见课堂上可能出现的"意外"状况，教师也不能掌握课堂的一切动态变化，所以这就需要教师关注学生的想法，针对学生提出的问题与思路，从学生的角度出发，按照学生的学习进程适当地调整预设，以此来促进"意外"的生成。

（三）放弃预设，创造生成

由于小学生的不可控因素较多，其思维发散、想象力丰富，所以在课堂上会出现很多奇思妙想，这就会导致学生无法跟随教师的预设进行学习。因此，在实际的数学教学中，教师要根据学生的实际学习情况，能够适当地放弃预设，为学生去创造生成，促进学生的个性化发展。当教师发现教学效果与课前的预设发生偏差后，就需要果断地放弃课前预设，以满足学生的学习需求为出发点，创造生成开展教学，构建高效、精彩的数学课堂，这样，更利于学生对数学知识的全面把握，以此促进学生数学综合能力的提升。

小学数学课堂中预设与生成，有助于教师构建高效、精彩纷呈的数学课堂，实现学生的数学水平与学习效率的明显提升。预设是生成的基础，而生成是预设的升华，所以通过教师对两者关系的准确把握，为学生做好充足的教学预设工作，并且在课堂上及时调整预设去促进生成，让预设成为生成这块土壤的催化剂，确保数学教学变得更加灵活、多样，充分激发起学生的参与兴趣与思维创造性，从而为学生的高质量数学学习奠定好基础。

第二节　优化教学结构

——小学数学课堂的设计思想与过程

由于小学数学教学主要解决"教什么""怎么教""达到怎样的效果"这三个问题。因此，小学数学教学设计的特征包括：①小学数学教学设计是把数学教学原理转换成教学材料和教学活动的技能，遵循数学教学过程的基本规律，选择设计教学目标，解决"教什么"的问题；②数学教学设计以计划和布局安排的形式，对怎样达到教学目标进行创造性的决策，解决"怎样教"的问题；③数学教学设计以系统论的原理为指导，把教学过程的各要素看成一个系统，分析教学问题和需要，确立解决问题的程序纲要，使数学教学效果最优化，以解决"达到哪些效果"的问题；④数学教学设计是促进数学学习者提高兴趣、技能和获得知识的技术过程。数学教学设计与教育技术密切相关，其功能在于运用系统方法设计教学过程，使之成为一种具有操作性的程序。

研究小学数学教学设计主要具有三个方面的意义。①小学数学教学设计有助于数学教学科学化。数学教学设计是将数学教学活动的设计建立在科学的基础上，以数学学习论、数学教学论等理论为依据，指导数学教学设计，把数学教学理论转化为数学教学技能，使数学教学走上科学化的轨道中。②数学教学设计有助于提高数学教学现代化。数学教学设计是一项现代数学教学技能，它在现代教育理论指导下，运用现代科学方法和现代科学技术，包括多媒体信息技术，对数学教学活动进行设计，使数学教学逐步实现现代化。③数学教学设计有助于提高数学教学质量。数学教学设计能够构建数学教学过程的最优化的教学结构，使数学教学系统达到最佳状态。

一、小学数学课堂的设计思想

（一）数学观

数学观是人类在认识数学规律、数学本质、在参与数学活动中获得的有关数学的所有认知。数学观并不是一成不变的，是在不断发展、不断演化的。它的形成与数学知识所处的发展水平有紧密的关联，代表的是某一历史时期人们对数学的认知。

数学是从数数、测量、天文计算、器皿制作等人们生活的实际需要中发展起来的。数学成为一门有组织的、独立的、理性的学科以后，便逐渐从数学的内部，通过演绎的方式产生问题并开展研究，只要满足系统内部的无矛盾性，就可以从一组公理出发来构建一个数学系统。

小学所涉及的数学大多数以算术、代数、几何和三角为主，一般也称为经典数学（古典数学），以古希腊传统数学为代表。古希腊数学是从公理系统出发，用逻辑方法演绎出来的知识体系。柏拉图的数学观对整个数学发展影响深远，他认为数学的概念不依赖于经验，而自有其实在性。在古希腊社会中，数学是哲学家所追求真理总体的一部分，因而必须是演绎性的。

（二）素质教育观

1. 全面发展的教育目的观

全面发展的教育目的观，对数学课堂教学提出要求时，除了学习基础的数学知识，培养学生的数学技能，让学生形成数学思维和思想，参与数学教学活动，积累经验并养成良好的认知能力外，还要在数学教学当中加入思想品德的教育，教学应培养出人格健全的学生，实现学生的全面发展，不仅让学生获得数学认知，还要让学生运用数学知识去生活、去解决问题。

2. 针对全体的学生观

这一观点对教学提出的要求是要平等看待所有学生，必须要竭尽全力地帮助每一位学生的发展，不可以放弃学生。数学课堂教学过程中应为课堂中的所有学生创造有利于他们发展的条件，不断培养优秀学生，让每位学生的发展都达到较好水平。与此同时，班级中的后进生也不要落下，要迅速提高后进生的数学水平，实现个人数学学习的较好发展。

3. 展望未来的人才观

这一观念要求人才培养应符合未来社会的发展需要，要注重人才的德育培养，让人才具有创新精神，掌握一定的实践方法，有正确的人生观念和世界观，要让学生在学习的过程中养成创新思维，追求精益求精，还要注意学生的动手能力，比如查找信息的能力、学习并且掌握新知识的能力及运用知识解决问题、运用语言表达见解、参与团队合作等方面的能力。

4. 尊重学生主体地位的发展观

要想实现素质教育，需要学生主体自己将教育内容内化为自身素质，只有发挥出学生的主体作用，学生才能够将外在知识内化成自身品格的一部分。内化是素质教育成功的前提条件，也是素质教育的实质。尊重学生主体地位的发展观是指在数学教学过程中，学生认知及学生发展的主体始终都是学生本身，教师必须充分意识到学生才是学习的主体，要注重在教学当中培养学生养成主体意识，激发他们学习的主观能动性，始终将学生放在学习的主人位置上，引导学生积极参与主动思考，要将被动学习转换成学生的主动学习。

（三）数学学习观

数学教学过程本质上是学生了解数学知识、掌握数学技能的过程，这一过程必须要遵循数学学习的普遍规律，教师在教学设计时，设计的是活动内容、活动过程。需要注意的是学习活动及学习过程的设计需要和学习规律的要求是一致的，只有这样学习才是有效的。因此，教师在设计教学内容时，需要遵照数学学习理论及规律，并在理论和规律的指导下，认真地设计教学活动。数学学习指的是在经验作用下，学生的行为方面、心理方面及能力方面发生的较为长久的变化。

1. 数学行为主义学习观

行为主义心理学认为学习是受到外界刺激且对刺激做出反应的过程。他认为外界刺激是环境，在环境的刺激下，有机体会做出相应行为反应，所以，学习就是学生在受到外部环境刺激下对刺激做出的行为反应。

（1）数学行为主义学习观做法。最基础的做法是把数学学科需要学习的知识拆分，但拆分时要注意知识之间的内在逻辑，然后逐个让学生学习拆分之后的知识，并利用那些逻辑将知识前后串联起来，在学习每一个拆分知识时，教师应该及时对学生的学习状况给出反馈，并及时强化掌握不牢固的地方，只有这样才能够达到教学开始前设置的预期目标。

（2）数学行为主义学习观特点。特点包括教学过程小步子，强调学习者的积极反应，教师及时反馈和改进，主张学习者自定步调，希望学习的结果是低错误率的。

2. 数学认知主义学习观

认知主义心理学派的学习理论逐渐在教学设计中占据了重要的地位。它提出学习过程虽然涉及环境刺激，但是环境能够提供的刺激并不会直接引起学习者的学习反应，环境提供的刺激是潜在的，不是直接的，这些刺激能否被学习者吸收受到学习者自身认知结构的影响。认知是学习者大脑对来自外界刺激或环境信息的处理与接收、运算、传输等过程，是大脑对外界信息做出的感知、了解、记忆以及思考、运用的过程。当代认知理论的领军人物有布鲁纳和奥苏伯尔。

（1）布鲁纳的发现学习教学设计。布鲁纳的认知结构学习理论认为学习包括三种几乎同时发生的过程：新知识的获得、知识的转化和对知识的评价。知识可以三种方式呈现给学习者，第一阶段是实物操作；第二阶段是表象操作（头脑中的实物操作）；第三阶段是符号操作。发现学习教学设计，即让学习者自己去发现教材的结构、结论和规律。

布鲁纳的发现学习教学设计的基本做法为：让学习者自己去发现教材的结构、结论和规律。要求学习者像科学家那样进行独立思考，探索未知，最终达到对知识的理解和掌握。发现学习有助于开发学习者的智慧潜力，有利于调动学习者的内部动机，有利于学习者学会探索的方法，有利于学习者记忆的保持。

（2）奥苏伯尔的先行组织者教学设计。奥苏伯尔的同化学习理论先将认知方面的学习分为机械学习和有意义学习两类，有意义学习又可以被细化分成三类，也就是表征学习、命题学习及概念学习。对于有意义学习来讲，机制的本质是同化。在学习新的知识的过程中，人的心理对知识的同化有不同的模式，教师在设计教学过程、教学活动时需要根据不同同化模式的特点，有针对性地选择学习的概念，设置学习命题。首先，下位学习，假设学生要学习的新知识中的概念和命题范围小于学生原来认知当中的概念或者命题的范围，那么学生这时的学习就是下位学习，教师应该根据下位学习的同化模式特点给学生设置学习条件；其次，上位学习，假设学生要学习的新知识当中的概念和命题范围大于学生原有认知当中的概念或者命题的范围，那么学生这时的学习就是上位学习，教师应该根据上位学习的同化模式特点给学生设置学习条件；最后，并列学习，假设学生要学习的新知识当中的概念和命题范围与学生原来认知当中的概念或命题的范围没有上下位的关系，二者之间是并列关系，那么教师就应该根据并列学习的同化模式给学生安排学习条件。

奥苏伯尔的学习理论强调：教材编制要从一般到具体，强调"先行组织者"在教学设计中的作用。先行组织者，即先于学习任务本身呈现的一种引导性材料，它要比原学习任务本身有更高的抽象、概括和包容水平，并且能清晰地与认知结构中原有的观念和新的学习任务关联。

（3）建构主义教学设计。建构主义心理学是认知学习理论的进一步发展。建构主义理论认为，认知不是主体对客观实际的、简单的、被动的反应，而是一个主动的建构过程。在建构的过程中，主体已有的认知结构发挥着特别重要的作用。建构主义观下的数学教学设计，是指在教师的引导下，在原有的数学认知结构的基础上，通过一系列的数学活动，建立起新的认知结构。

（四）数学教学观

数学教学观有两大主流：一种源于古希腊数学及其精神的人文主义教育观；另一种则主要源于现代数学、经验主义、实用主义的科学主义教育观。前者重数学的心智训练，后者重传授"实用知识"。如何处理好数学的学科体系与儿童心理发展规律的问题，一直是数学课程改革争论的焦点。

数学教育对提高公民科学文化素养、培养理性精神、形成完美人格具有重要的作用。当代数学教学观可以从三个方面理解：①数学具有工具性、实用性的显性价值与文化等隐性价值；②数学教育成为连接"科学"与"人文"教育的桥梁；③数学教育价值的多元化、综合化成为追求的目标。

当前数学教育的终极目标是实施素质教育，为实现这一目标，数学教学设计应把着力点放在人的培养上，强调从自身的体验和感悟出发，激发学生喜爱数学、学好数学并善用数学的思想、方法去探索自然和人类心灵两大世界，充分实现数学教育中的科学价值和文化价值。

1. 数学教学的应用

数学的快速发展使它在实际当中的应用范围越来越大。目前，小学数学在教学的过程中比较注重数学的实际应用，这也是目前国际上数学教育的主要发展方向，不同国家数学教材中基本都加入了数学在现实中应用的相关教学内容。此外，对数学问题的学习和了解也基本遵照从实际角度出发的原则，在教授数学知识的教学工作中，教师也注重结合生活实际，并也会在课堂当中，培养学生，引导他们形成解决数学问题的意识及能力，目的是为了让学生能够将数学理论知识应用在实际问题的解决过程中。数学教学首先从实际问题出发，对实际问题中的知识进行抽象处理，然后在此基础上，分析和总结数学方法后，还要将数学方法应用在实践过程中，以此完成数学的应用过程。

2. 数学问题解决与建模

数学教学非常注重培养学生的问题意识，教师在具体教学过程中，要引导学生从实际生活当中找出问题，然后对问题展开分析，在此基础上再去解决问题，这样学生就能够掌握解决问题的能力，日常生活中有很多问题需要学生运用数学知识去解决。数学模型指的是把现实当中的数学原型进行抽象化处理，利用数学符号或数学式子来表示数学问题中的结构关系或特性关系。数学建模是针对现实当中的数学原型构建数学模型的具体过程，分析数学建模的概念发现，在解决数学问题的过程中需要运用到数学建模，而且引入数学建模方法能够更好地解决数学问题。

3. 数学的交流

现在数学非常注重数学交流，在开展数学教学过程中，一定会涉及数学交流。举例来说，师生之间的数学交流、学生之间的数学交流或学生和数学教材、数学问题之间的交流。对于数学学习来说，数学交流是其内在驱动力，交流形式能够让学生和数学的语言及概念之间建立一种关联，有助于学生把数学符号、数学图画或心里构建出的数学描绘与相应的数学概念关联起来，建立关联，学生能够对数学有更深刻的理解。除此之外，交流还有一个明显的作用就是吸引学生学习兴趣，让学生更加积极主动地加入数学学习。

具体而言，数学交流体现在三个方面：首先，能够表达出数学思想，它是个体表达数学思想的一种有效途径；其次，让数学思想被接受，个体在接受数学思想时，需要通过听说读写或做的方式来接受，而交流贯穿于以上所有方式中；最后，能够转化数学思想载体，具体来讲就是转换数学思想的表达方式，例如，将数学概念用数学符号的方式展现出来，将数学图表用数学语言描述出来，或用数学模型建造出来等。

4. 数学的思想方法

通常情况下，对数学展开的事实认知、理论认知及概念认知都属于数学思想范畴，而数学方法是在实施数学思想的过程当中使用到的某些手段。数学思想和方法是数学学习的核心，在学习数学的过程中最重要的是了解并真正掌握思想方法，并运用数学思想发现现实生活中的问题、分析问题，然后运用数学方法解决问题。通常情况下，可以把数学思想方法分成以下几个层次。

（1）数学思想。如方程思想、转化思想、分类思想和数形结合思想等。

（2）逻辑方法。如归纳法、演绎法、类比法、分析法、综合法和反证法等。

（3）具体的数学方法。数学活动教学是进行数学思维方面的活动教学，思维活动教学的展开主要历经三个阶段：第一阶段，经验材料的数学组织活动，是通过日常的观察、分析、总结及实验来积累相应的事实材料；第二阶段，数学材料的逻辑组织化，是对原始数学材料进行抽象化处理，总结出数学概念或数学公式，然后在分析概念和公式的基础上构建数学理论；第三阶段，数学理论的运用，教师除了教给学生目前已经存在的数学概念或数学理论，教师还要注重教给学生数学思维，让学生自己开展数学活动，自己思考。

（五）数学系统观

1. 系统

系统是由诸多要素共同组成的、要素之间彼此作用、彼此联系并使某一目的能够实现的整体。系统的构成要素有很多，不同要素之间存在关联，例如，数学教学就是系统，系统中包含的要素有老师、学生及教材，三者之间存在关联，关系的交叉形成了教学结构。

2. 系统工程

系统工程是建立在系统之上的整体，强调通过设计让系统满足人们对它提出的要求，换句话说，系统工程是人们在开发系统的过程当中使用的设计思想、设计原理、设计方法、设计步骤等的总称。在系统工程的设计过程中发现，不同系统要素之间彼此制约、相互关联。

3. 系统的特点

（1）整体性系统内部的组成要素之间相互联系。在分析要素时，不可以孤立地看待要素；除此之外，系统也会和外在环境产生关联，在分析系统时不可以独立分析，应该联系系统的所处环境进行综合的考察；系统整体功能的实现是各个要素功能和要素之间的匹配共同配合形成的。

（2）层次性。系统结构有自己的层次，系统中要素功能的不同会导致要素在系统中所处的层次不同，不同的要素也会因此分布在不同的层次当中。数学教学设计也属于是系统工程，根据层次性，可以将教学设计分为两层：其一，宏观的教学设计，也就是从总体的角度规划教学设计，比如教学课程方案、课程标准、教材的设计等；其二，微观教学设计，也就是数学课堂的过程设计，它主要涉及单元教学、课时教学等方面的设计。

（3）动态性。任何一个系统都是处在不断运动、发展、变化的状态，都有一个产生、形成、完善和消亡的过程。教学设计是一个系统，它也是动态的。预定的教学设计方案通过教学实践得到反馈信息，对原有的教学设计方案进行评价，然后进行修改，得到新的符合教学实际的方案。

系统论不仅为数学教学设计提供指导思想，从整体出发，全面综合地考虑教学设计的每一个因素，使教学设计获得最佳的效果。而且为数学教学设计提供系统的方法，包括系统分析方法、系统综合方法和系统模型方法等，它还能提供具体的分析和决策的操作过程。

二、小学数学课堂的设计过程

（一）小学数学课堂的设计要素

1. 数学教学的对象

数学教学主要针对学生，在设计数学课堂时，所有的设计目标都是为了学生的数学学习，因此，在数学教学设计过程中，一定要关注数学教学对象，也就是学生的情况。

2. 数学教学的目标

在数学教学的设计过程当中，必须要明确教学目标，有了教学目标的指引，教学设计才能始终沿着正确的方向发展。

3. 数学教学的策略

在数学教学过程中需要使用教学策略去解决教学问题，教学策略主要涉及教学方法、形式、活动及其他方面的方法选择、内容选择或内容设计等。

4. 数学教学的方案评价

方案评价是衡量数学教学设计、教学效果的有效途径，教师必须根据教学方案评价的结果来修改自己的教学方案，以达到更好的教学效果。

（二）小学数学课堂的设计程序

小学数学教学设计主要有四个基本程序，即教学任务分析，设计教学目标，设计教学方案和教学设计评价。

1. 小学数学教学任务分析

教学任务分析主要涉及两个层面的内容。

（1）教学内容分析。这部分的分析侧重教学的教和学，建立在教学内容的基础上，只有了解教学内容才能够深入分析。教学内容指的是教学目标要求的，学生要掌握的数学知识及数学技能。对教学内容的分析可以使用系统论的方法。

① 分析背景。这里的背景是数学教学过程中，数学知识是如何发现的，不同的数学知识彼此存在什么联系，以及数学知识在现实生活中的运用方式。

② 分析功能。这里主要分析教学内容对数学教学具有哪些作用、哪些影响以及教学内容在学生教学效果提升方面具有的价值，价值涉及智力、教育及应用方面的价值。

③ 分析结构。这里的结构是数学知识、数学技能、数学方法、数学思想、数学层次之间存在的关联。与此同时，还要分析关联具有的特点和性质，在此基础上才能确定数学学习需要掌握哪些知识、哪些技能、哪些方法。数学结构包括很多方面，要分析整个学期数学的学科结构，还要分析单元结构、单课结构。除此之外，数学知识、数学思想方法的结构也需要分析，在分析单课结构时，分析重点是数学知识结构、教学结构以及教学中的重点和难点。

④ 分析要素。小学数学教学过程当中涉及的要素有四个，也就是数学概念、原理、数学习题及感性材料，需要注意的是，分析要素要涵盖所有要素。

⑤分析学习类型和学习任务。这部分的分析主要包括对学习结果、学习形式、学习任务三个方面的分析。在分析学习结果时，可以参考加涅提出的学习结果分类理论，在对数学学习结果进行分类时，依据数学学科的学习任务和学科本身特点，将结果分成了八类：数学事实、概念、原理、问题解决、思想方法、技能、认知策略以及态度。这八个类型为分析数学教学任务提供了具体的分类指南。

在分析学习形式的时候，可以参考奥苏伯尔提出的认知同化理论。根据学生目前学习的数学概念及原理的范围将数学学习分成上位、下位以及并列三种形式，可以根据这三个类型展开数学教学任务的分析。

在分析学习任务时，需要先明确学生学习所处的最近发展区。发展区的起点是学生目前的技能水平，发展区的重点是学生在数学活动中能够到达的技能水平，要展开学习任务的分析主要就是为了分析学生水平转化所需要使用的教学材料及教学策略。在分析学习任务的过程中，教师可以安排合适的教学条件，科学合理地设置教学顺序。

（2）学生学习情况分析。教师在设计数学教学过程时需要考虑到学生目前的情况，只有这样才能够保证取得良好的教学效果。分析学生的学习情况可以从以下两点入手。

①分析学习准备情况。这一部分的分析要包括学生起点能力及他们对数学的学习心理。起点能力是学生在学习新知识前已经掌握的数学知识以及数学技能，除此之外，还包括学生对数学内容的认知态度、认知水平；分析数学学习心理是指应分析影响学生数学学习的心理因素，比如说年龄、情感、认知、学习动机、学生性别、学生意志等，教师应该根据不同学生的心理特点采取不同的教学方法，采用不同的教学内容。

②分析学习风格。学习风格是学生在面对外界的不同刺激时会产生不同的反应。学生个体之间存在明显差异，他们的学习风格也不尽相同，教师的教学会受到学生学习风格的影响，如果教师能够准确地分析学生风

格，那么有助于教师针对性地开展教学。

2. 小学数学教学设计目标

通过对数学任务的分析，知道要教给学生哪些数学知识和技能，在此基础上需要对学生通过数学学习应达到的行为状态做出具体的、明确的说明，这就是设计教学目标。数学教学目标的内容确定要依据数学学习的八种结果：数学事实、数学概念、数学原理、数学问题解决、数学思想方法、数学技能、数学认知策略和态度。

（1）小学阶段数学教学目标的分类层级。数学教学目标的水平要依据数学课程标准的要求，小学阶段数学教学目标的分类层级具体如下。

① 知识技能目标。

A.了解（认识），内容包括能从具体事例中，知道或能举例说明对象的有关特征（或意义）；能根据对象的特征，从具体情况中辨认出这一对象；

B. 理解，内容包括能描述对象的特征和由来；能明确地阐述此对象与有关对象之间的区别和联系；

C.能在理解的基础上，把对象运用到新的情境中；

D. 灵活运用，内容包括能综合运用知识，灵活、合理地选择与运用有关的方法完成特定的教学任务。

② 过程性目标。

A.经历（感受），即在特定的数学活动中，获得一些初步的经验；

B. 体验（体会），参与特定的数学活动，在具体情境中初步认识对象的特征，获得一些经验；

C. 探索，即主动参与特定的数学活动，通过观察、实验、推理等活动发现对象的某些特征或与其他对象的区别和联系。

（2）数学教学目标设计是数学教学设计的核心环节。数学教学目标设计的步骤为：①认真学习数学课程标准，领会课程标准的理念和对学习、教学的要求；②了解本课时的教学具体内容和要求；③了解学生的学习基础和学习特点；④设计课时教学目标，并按照教学内容和水平分类对教学目标加以陈述。

3. 小学数学教学设计方案

在数学教学设计过程当中非常重要的一部分是教学方案的设计，教学方案设计包含很多内容。比如本节课类型的确定、教学模式、教学顺序、活动形式，以及教学设备的选择等。

（1）明确课程类型。数学课的类型多种多样，举例来说，新课讲授、习题课、卷子讲评课程、知识复习课程等，不同类型的数学课具有的功能不同，要使用的教学方法也是不同的，因此，在教学设计之初要先明确数学课程的类型。

（2）确定教学模式。教师需要根据课程类型选择适合的教学模式，安排适合的教学内容。

（3）安排教学顺序。顾名思义，教学顺序指的是教学过程当中教学的顺序，比如教学内容的前后顺序、教师活动的前后顺序及学生活动的前后顺序。需要注意教学顺序是整体安排的，需要同时考虑三个顺序进行安排。

（4）设计教学活动。教师在明确顺序后，需要根据顺序安排设计教学活动，比如说教学情境设计、问题设计、教学讨论、教学总结、教学例题讲解等。

（5）明确教学形式。不同的教学形式获得的教学效果不同，教学形式主要包括学生自学形式、小组讨论学习形式、集体授课形式，教师应该根据数学教学目标、学生的学习情况等选择适合的教学形式。

（6）选择合适的教学媒体。不同的教学媒体教学功能是不同的，需要的教学条件也是不同的，教师需要根据教学目标及学生需求选择合适的教学媒体。

4. 小学数学教学设计评价

在小学数学教学设计过程的后期，需要对设计的成果进行评价。根据试行结果判断它达到教学目标的程度，并由此对设计的方案进行修改，使其不断完善。

小学数学教学设计评价需要注意几方面：①关注自我。利用自己的知识储备与学科素养完成备课。②关注文献，关注他人观点。这是一个学习他人的过程，通过查阅资料、请教同事等方式，取人之长，丰富自己的知识含量和教学素养。③关注学生，立足现实。学生是教学中重要的资源。这个资源被开发的程度体现了教师的教学水平如何。只有在关注学生的基础上，课堂教学才是成功的。

第三节　协作探究
——小学数学课堂的教师与学生

一、小学数学课堂的教师

（一）小学数学课堂教师的定位

1. 教师在教学中的多重角色

教师的角色定位是一个很宽泛的问题，教师在教育活动中所担负的责任和角色是广泛而且复杂的。教学活动是师生积极参与、交往互动、共同发展的过程。有效的教学活动是学生学与教师教的统一，学生是学习的主体，教师是学习的组织者、引导者与合作者。数学教学活动，特别是课堂教学应激发学生兴趣，调动学生积极性，引发学生的数学思考，鼓励学生的创造性思维；要注重培养学生良好的数学学习习惯，使学生掌握恰当的数学学习方法。

（1）设计者的角色。教师在教学中设计者的角色体现在备课中要认真地进行学情分析，结合学生的年龄特点和认知水平，设计出体现新课标要求的教案，确立恰当、完整、全面的教学目标，准确地确定出教材的重点、难点，设计最优化的教学策略和方法，突出重点、突破难点，充分地发挥教师的主导作用，完成一个设计师般的完美角色。

（2）组织者的角色。教学活动是师生的双边活动，学生学习是一个生动活泼的、主动的和富有个性的过程。教师在教学活动实施中，从课程的导入到新知识的发掘，再到巩固练习，各个活动的方式、方法的选择，活动目标的制定，活动的开展顺序无不是由教师进行的完美组织。正是这样一个好的组织者引发了学生认真听讲、积极思考、动手实践、自主探索、合作交流，这个组织者更是善于让学生有足够的时间和空间经历观察、实验、猜测、计算、推理、验证等活动过程。在教学计划实施的过程中没有教师组织的功能，教学就无法顺利进行，教学目标就无以实现。

（3）引导者的角色。教师引导者的角色体现在教学中，既充分地体现了学生是教学主体，又体现了教师是主导的师生关系。教师引导的对象是学生，在教学技术和知识储备上，教师都有充分的能力作为一个先知者不断地引发学生的求知欲，激发学习兴趣，提出有思考价值、符合知识结构、适应学生理解力的问题，引发学生的积极独立思考、主动探索、合作交流，使学生理解和掌握基本的数学知识与技能，体会和运用数学思想与方法，获得基本的数学活动经验。不仅如此，教师的引导作用更会体现在对学生求知欲望的激发，对学科兴趣的产生上。一个受学生爱戴的教师的人格魅力本身就具有很好的引导作用，很多学生会爱屋及乌，因为喜欢一个教师而喜欢上某个学科，这种看着貌似有些肤浅的直接学习兴趣却有着强大的引导力量，甚至可以影响到学生未来的职业定向、社会成就。

（4）合作者的角色。教师合作者角色的实现要搭建在平等的师生关系和新学生观基础上。众所周知，良好、平等的师生关系才可能实现教学过程中融洽的合作。而持有新的学生观的教师才会把学生看成是发展的人、独特的人、具有独立意识的人。要转变学生的学习方式，就意味着学生由简单、单一、被动的接受性学习向自主、探究、合作式学习方式的转变。

因此，在课堂上教师在当好组织者、引导者的同时，也会参与到学生的探究活动中，和学生一起合作发现问题、提出问题、解决问题，合作的机会是实现教学相长的良好契机。当然要注意"合作"和"独立学习"结合才能全方位地实现教学目标。

2. 教师在面向全体学生与因材施教过程中的博弈

面向全体和因材施教始终是教学实践要面对的现实矛盾，也是教学理论研究很重视的一对问题。

（1）小学数学教学面向全体的原则。《义务教育数学课程标准（2011年版）》在课程性质中指出"义务教育阶段的数学课程是培养公民素质的基础课程，具有基础性、普及性和发展性……义务教育的数学课程能为学生未来生活、工作和学习奠定重要的基础。"明确地反映了我国小学教育的总目标是为学生未来生活、工作和学习奠定重要的基础。从完成教育总目标和实现义务教育特点的意义上而言，我们的数学教育必须面向全体。而课程基本理念中"人人都能获得良好的数学教育"的提法，更加鲜明而具体地指出了数学教育中的面向全体的要求。

（2）小学数学教学因材施教原则。数学课程应致力于实现义务教育阶段的培养目标，要面向全体学生，适应学生个性发展的需要，使得人人都能获得良好的数学教育，不同的人在数学上得到不同的发展。这就要求教师要深入了解每个学生的特点，根据学生在知识、能力、兴趣、心理等方面的个性差异，从学生的实际情况出发，有针对性地推进分类分层教学，可以具体体现在教学目标上、教学方式方法上、练习的设置上分层设置，这让每个不同的个体都在原来的基础上有所发展，从而实现因材施教。

（3）如何处理好面向全体和因材施教的关系。面向全体和因材施教并不是矛盾的。课程标准事实上是在提倡一种既面向全体又关注个体的新的数学教学理念与价值取向。因材施教永远都是实现面向全体原则的途径。

只有每个个体都实现了发展才能说明很好地实现了面向全体的目标。因此，面向全体和因材施教并不是矛盾的，而是互补的。

（二）小学数学课堂教师的素养

1. 小学数学教师专业素养

数学专业素养是指数学教师在数学领域知识内在联系和技能的修习涵养，在数学活动中所养成的良好习惯的总和，是经过长期从事数学教学而养成的一系列良好的数学角度出发思考问题、解决问题的能力并带有数学特色思考习惯。小学教师应尽可能掌握更系统、更高水平的数学知识与技能，具有建立在高等数学认知体系上的数学思想与方法，具备丰富的数学活动经历与经验，在这种雄厚的储备下来充分挖掘与分析小学数学教材，做到高屋建瓴、俯视全局，才会有合理而准确地驾驭小学数学教材的能力，才会高效地实现课程目标，才会在培养数学思维和创造能力的同时传递数学文化，才能从深层激发学生对数学学科的热爱，才能做到深入浅出，让数学课保留纯正数学味的同时又有趣味和生活味。

此外，数学教师要具备深厚的数学文化底蕴，要了解数学发展的历史、明晰数学对人类文明发展做出的贡献；要有一些理解与欣赏数学美的修养，能感受数学的美妙与神奇，体验到数学的精神，从更高的层次上认识数学的价值，从而更深刻地理解数学并从内心真正热爱数学，用数学本身的魅力去吸引学生，才能让学生更好地学习数学。

2. 小学数学教师教学基本功素养

基本功是从事某项工作必备的基本知识和技能。教师的教学基本功是教师履行岗位职责的最基本的技能，小学数学教学基本功是教师完成小学数学教学任务，实现小学数学教学目标必需的专业知识和职业技能。按照教学准备到教学实施不同阶段应包含三类：课前准备中的教学基本功、课程实施中的教学基本功、课后答疑辅导与评价的教学基本功。

（1）课前准备中的基本功，主要包括以下内容：

① 理解课程标准和把握教材的基本功。掌握课程标准中关于学科教学目的、要求、内容、应重视的问题，以及各个年级基本能力和基础知识教学要求，能了解某个单元或一节课内容在课程体系中的地位和作用，准确确定教材的重点，选用恰当的教学方法和教学手段，符合课程标准的要求和教学实际的需要。

② 备课的基本功。能从教学实际出发认真构思教学方案，教学目标明确突出，条理清楚，认真设疑，能抓住要点，关注学生的个体差异，关注学科与学科之间、单元与单元之间以及课与课之间的联系，教案字迹工整、规范。

（2）课程实施中的基本功，主要包括以下内容：

① 运用教学语言的基本功。能用标准的普通话进行教学，正确、清楚教授内容，用词准确，条理清楚，节奏适宜，过渡自然，逻辑性强，富有幽默感。

② 设计板书的基本功。能根据教学需要设计好板书，目的明确，条理分明，科学、合理、适用，有指导复习的价值，书写美观。

③ 应用现代教学技术的基本功。能够恰当选择和使用常用的教学媒体，独立使用、操作规范，对用计算机辅助教学的技术水平达到国家要求。

④ 数学学科专项基本功。在数学课程中，应当注重发展学生的数感、符号意识、空间观念、几何直观数据分析观念、运算能力、推理能力和模型思想。这一个核心概念反映了数学内容的核心，是学生数学学习的目标，更是小学数学教师必备的专项基本功。此外，绘图、数学语言表达也是数学教师必备的基本功。

⑤ 组织教学基本功。课堂上重视组织教学，做到从开始到最后师生始终满怀热情进行教与学，教师要注意观察每个学生的心理活动，随时调节

课堂氛围，调整学生的学习状态，使每个学生在课堂上都有所得。

（3）教学评价的基本功。教师要熟练掌握诊断性评价、形成性评价和总结性评价的方法和技能，关注学生之间有差异的成长和发展，及时帮助引导学生，鼓励学生更好地学习。评价不仅要关注学生在语言和数理逻辑方面的发展，还要发现和发展学生多方面的潜能，逐步学会个人成长记录袋、成长自述测试、案例分析等评价方法和手段，提高评价效果，发挥评价的教育功能，促进学生健康成长。

3. 小学数学教师教学机智素养

教学机智是通过敏锐的观察、灵活的思维、果断的决策，对教学中的各种信息反馈做出及时的反应和机敏的处置，以求最大限度地开启学生的思维才智，获取最佳的教学效果，即创造性和艺术性地解决突发事件的能力，这就是教学机智。数学以其严谨的逻辑体系和抽象的思维特征区别于其他学科，实施数学教学的过程，既没有不变的程式，也没有固定不变的步骤，数学教师只有充分发挥自己的教学机智，才能审时度势，灵活应变，适应数学教学的特殊情境，处置各种随机问题，创造性地完成教学任务，达到课堂教学的目的。

二、小学数学课堂的学生

（一）不同学段小学生学习数学的特征

小学阶段包括三个重要的智力发展时期，既有学前学生的前运算特点，又有具体运算的重要发展时期，也是向命题运算期发展的开始。因此，小学教师必须了解和掌握这一阶段学生的心智发展特点和趋势，以便针对不同年龄阶段的学生的特点进行有效率的教学和引导。

第一学段包括了小学1—3年级，这一阶段学生前期具有明显的学前学生的思维特点，学生在前运算期必须要依赖具体的动作才可能保持正确的手指运算，比如，刚刚入学的学生在计算10以内的加减法时，喜欢摆弄手指或者其他物品来帮助自己思考，而脱离了对这些具体的摆弄，学生就会有困难或者出现错误，这说明了动作性思维是这个年龄阶段的特点，教师教学中必须提供足够充分和鲜明的教具、学具让学生有机会亲自动手操作、自主探索。只有这样适应学生特点的教学才会让学生保持旺盛的学习兴趣，才能取得很好的教学效果。到了三年级的时候，学生已经在操作中获取了大量的表象积累，所以他们逐渐地可以不再依赖动手来思维，而是通过具体实物表象就可以完成复杂的运算，开始进入了真正的运算阶段即具体运算时期。这一时期表象的积累已经使学生具备了明确的分类排列能力，他们已经清晰了包含与被包含的关系。所有这些都为学生进入下一个分段做了充分的准备。

第二学段包括了小学4—6年级的学生，是从具体运算阶段向命题运算转化的重要时期，学生的具体形象性思维高度发展，具体形象性为这一时期学生思维的主要特点，同时抽象思维也开始迅速萌芽和发展起来。从这一特点来看，小学数学的教学始终应该特别地重视学生动手实践，自主探索的学习方法，只有这样才能为命题运算期的到来奠定坚实的心智基础。

（二）不同学段小学生学习数学的表现

1. 小学生数的概括能力表现

在第一学段（1—3年级）小学生数的概括能力表现为从直观动作性的概括水平来掌握10以内的数，到直观形象地掌握20以内数的认识、100以内数的认识、万以内数的认识、整数四则运算的概念。这一学段中学生的生活范围有限、知识经验局限，他们的数的概念范围通常可以超过生活范围，但是由于缺乏数的表象支持，不能真正地理解所有运算的数的实际意义。

第二学段的学生（4—6年级），已经开始从形象概括向抽象概括发展，他们能将丰富的数表象与数的实际意义结合起来。可以掌握大量的数的实际意义，不仅可以是多位数的整数，还可以是分数、小数、简单的正负数。并且因为空间观念的逐步发展，他们可以概括出几何的概念并掌握这些几何形体的计算公式进行初级的几何命题运算了。在第二学段的后期，学生们可以形成初步的本质抽象的数概念，在初步代数的水平上进行运算，他们具备了算数范围的交集、并集、差集等集合思想。

2. 小学生推理能力表现

小学生的推理能力主要表现为归纳推理和演绎推理。

（1）归纳推理。第一学段（1—3年级）学生可以完成在简单的数学情境中进行直接归纳推理，第一学段后期学生可以在简单的文字演算中进行直接归纳推理。例如，学生们可以从2+3—3+2、8+9—9+8、7+3—3+7归纳出加法交换律并且还可以用字母表示这种规律。第二学段（4—6年级）学生则可以进行复杂的多步骤的间接的归纳推理，个别学生甚至可以进入初等代数的水平上进行归纳推理。例如，在学习了基础数量关系后，有的学生会推理出三者之间的函数关系。

（2）演绎推理。第一学段（1—3年级）的学生可以进行简单的算术原理、法则作为大前提进行推理，从而完成演绎推理。后期他们中很多人可以掌握用字母表示公式、原理、法则，并具体化。第二学段（4—6年级）学生则可以在算数范围内将原理、公式、法则进行多步骤的演绎和运算，初步地掌握了代数和几何原理的演绎运算。

3. 小学生空间观念表现

第一学段初的学生可以依靠直观形象逐步地说出常见图形的名称，了解概念的一般特点。第二学段学生，则可以依靠直观形象计算出规则的平面图形的面积，并结合实际进行组合图形的相应运算。在第二学段末期学生们可以掌握旋转体，如圆柱、圆锥、圆台、球等的空间位置关系，可以判断轴的位置，对轴截面图、侧面展开图进行分析和综合。

（三）不同学段小学生学习数学的障碍

小学阶段学生的思维以直观形象性为主，初步发展起来的抽象逻辑性思维还带有鲜明的直观特点，这和数学学科高度的抽象性、严密的逻辑性形成了矛盾。具体表现如下。

1. 对概念的理解不清造成的错误

例如，4除8等于多少，由于学生对于"除"和"除以"理解不清，列式为4÷8。

2. 学生的非智力因素影响数学学习效果

学生的非智力因素中学习习惯、兴趣、意志力、信心、成功感也会影响到学生的数学学习效果。总的而言，学生的数学材料的形式化领会以及概括能力差、数学的记忆能力尚不成熟是他们在数学学习中遇到阻障的最重要的原因，以上三种阻障的发生在不同学段都会有不同程度的体现，第一学段的学生通常因学习习惯尚未形成，以及概念不清而发生。第二学段则更多表现在非智力因素中的学习兴趣，意志力、信心与成功感不足带来的情感态度方面的阻障。另外，随着学习内容的深化和拓展，更多表现为学生的思维发展水平不足以支撑而发生。

第四节 发展新方向
——核心素养下小学数学课堂教学方式

　　核心素养视角下的小学数学课堂，需要教师正确处理教学与学生发展之间的关系，必须立足学生的认知特点，紧扣学生的发展，以优化教学设计，从而使每个环节都能够为学生发展服务。教师在教学过程中，应更加关注小学数学教学的内涵，并且以学生综合能力的提升为目标，通过有效问题的设置，加强生活与数学学习的联系，有效引领学生在情境中展开探索，在生活中应用所学知识，以此促进学生发现问题、解决问题能力的发展。

　　核心素养是促进个人实现成功和社会良好运转所具备的知识、技能、态度、情绪和价值观的集合体。核心素养是指学生借助学校教育所形成的解决问题的素养与能力。虽然各国在表述上不尽相同，但从各国对于核心素养内涵理解中可以看出，核心素养指向三个领域分别是与文化知识学习有关的素养、与自我发展有关的素养、与社会参与有关的素养。我国的核心素养体系，其中包括了文化基础、自主发展和社会参与的三个方面，综合表现为人文底蕴、科学精神、学会学习、健康生活、责任担当、实践创新等六大素养。数学核心素养是服务于学生发展能力的，是数学学习者在学习数学或者学习数学的某一领域所应达成的综合性能力。核心素养下小学数学课堂教学方式具体如下。

一、有效导入，激发学生兴趣

借助信息技术创新小学数学课堂导入方式，可使学生在图文并茂的引领下与教师进行互动、与数学进行互动，以引发学生快速融入数学学习中，产生学习兴趣，并推动学生在情境中自由表达，从而为提高学生想象能力、思考能力服务。

二、借助问题，引发学生探究

教师在教学过程中要注重数学是一门探究性学科，要想提高学生的核心素质就必须创设自主探究环节，引领学生在探索中提升学习能力。教师在教学过程中可以呈现数学教学内容，然后让学生选择以自己的方式进行自主学习，并通过小组讨论的形式让学生对所学的盲点进行探讨和分析，引发学生呈现自己的思维过程，呈现有深度的问题，这样才能够为学生思维的发展、数学思维的形成提供途径。

例如，在教学北师大版小学数学三年级下册内容"认识分数"时，分数的学习对小学生而言具有抽象性，因此小学数学教师在教学过程中可以将抽象的数学知识转化为具体的问题，以此让学生在解决具体的问题中完成知识的学习。

首先，教师可以呈现图形分裂的动态视频，随后引领学生对整体和部分进行认识，即认识部分中的几分之几占整体的几分之几，从而让学生能够了解平均分与分数之间的关系。其次，为了深化学生对知识的理解，教师还可创设情境，并引领学生以小组为单位探寻知识。在实际教学时，教师可引领学生结合教师带来的食物，即桃子、橙子、苹果将其平均分给三个人、四个人、五个人，并引领学生对其分法进行表达，以此能够逐步推动学生在分桃子、分橙子、分苹果的过程中建构关于分数的知识结构。最后，教师还可创设反思环节，以问题的方式询问学生怎么分才公平，以此让学生在表达过程中感受1/3、1/4、1/5的概念。

三、联系生活，促进学生应用

小学数学是一门与生活息息相关的课程。小学数学教师在教学时可以搭建生活与数学学习的平台，以引领学生通过生活问题的解决实现核心素养的培养。教师在教学过程中可以基于学生学习盲点，为学生呈现相应的生活化问题，从而引发产生共鸣，并在此基础上突破学习难点。

例如，在教学北师大版小学数学四年级下册内容"观察物体"时，教师首先可以在课前准备学生感兴趣的熊猫玩偶，以引领学生玩盲人摸象活动，对其摸到的东西进行表达，以此能够逐步引领学生明白观察物体时要学会从不同的方向去观察。其次，当学生自主实践完成知识建构后，教师便可呈现生活实例，让学生结合表象，在情景模拟中发表观察物体的观点，即教师在教学过程中可以创设生活情境，让学生四个人为一组对熊猫玩偶的不同面进行表达，每一组的四位学生轮流换位置，直到观察完熊猫玩偶各个方面再回到原位置，这时教师再呈现熊猫玩偶的不同面，即正面、两个侧面、后面，以引领学生对不同面进行识别，指出这些面都是哪个学生看到的，如此既能使学生学会从前后左右四个位置去观察，也能让学生发现从不同的角度观察看到的形状存在差异。最后，为巩固学生所学内容，教师可带领学生观察教学楼，并让学生观察之后能够立即说出不同面的位置所对应的同学，这样学生就在生活情境的引领下完成了知识的应用。

　　简而言之，核心素养视角下的小学数学教学要求教师必须基于当代需求，立足改革，找到小学数学发展新方向，从而真正实现以学生为中心，并紧密联系学生实际情况，严格遵循学生认知规律，创设情境引发学生思考，打造更加多姿多彩的课堂。

第二章

典型教学方式的研究与实践

第一节　讲授教学
——帮助学生高效学习

一、小学数学课堂讲授教学的特性

（一）通俗性

好的教师能够把教材中深奥难懂、抽象难想的知识，通过自己的语言，使其变得具体形象、通俗易懂，从而消解学生对知识的畏难心理，使知识变得可亲、可学。

（二）高效性

小学数学课堂讲授教学法采取把结论直接告诉给学生的形式，避免了在认知过程中因采取自主探究、合作探究、全班讨论等形式产生的时间耗费或不必要的曲折，也在言语中自觉地帮助学生化解认知的困难，比学生自己独立学习、探究、发现，少许多环节，能够在尽可能少的时间内讲授尽可能多的知识内容，保证大部分学生在较短时间内学到大量人类精神遗产及技能，具有其他教学法不具备的特点，因此受到了许多教师的青睐，这可能是讲授法长盛不衰的重要原因之一。

（三）全面性

教材，作为学生的学习蓝本，是静态知识体系的结构化呈现。教材的篇幅所限，呈现在学生面前的常是经过浓缩、删减后的架构式的知识内容，而非所有常式、变式。同时，其中所蕴含的数学思想方法是条隐线，不经教师的引导或启发等，学生常无法自主、自觉地发现。这样的教材对学生而言是不好深入、全面地读懂的，但对教师而言不仅可以较全面、准确地把握编者的设计意图，而且可以较深入、透彻地挖掘教材蕴含的数学思想方法。通过教师的系统讲授和深入浅出的分析，学生就可以较全面地理解知识、学得技能、感悟数学思想方法，获得较为全面的发展。

二、小学教学课堂讲授教学的实施

（一）小学教学课堂讲授教学的实施原则

1. 渐进分化原则

渐进分化原则指教学要先教比较一般的或广泛的概念，再将其一步步分解成具体的或初级的观念，通过逐步分化，直到把最广泛的观念分解为最初的观念。运用这一原则进行教学的过程被称为演绎教学，其依据是类属学习过程的规律。例如，在小学数学教学"整数乘法"时，先教学"表内乘法"，再教学"两位数乘一位数""两位数乘整十数""两位数乘两位数""三位数乘整十数""三位数乘两位数"等，跨越三年的学习历程，就是"渐进分化"的过程。如果具体到某一节课看，如教学"速度=路程÷时间"时，通过教师的讲解，学生可以先掌握两个与之相关的等量关系，即"路程=速度×时间""时间=路程÷速度"，再由此推及购物情境中"单价、数量、总价"之间的关系，构建出三个相似的等量关系。这样的过程也体现出渐进分化的教学原则。

2. 综合贯通原则

综合贯通原则指在教学中比较观念间的相同点与不同点，在观念间建立起联系，通过综合贯通，使分化的观念相互联系起来。这一原则保证了总括学习和并列学习过程的进行。例如，教学"长方形面积""平行四边形面积""三角形面积""梯形面积"，可以先做一次综合贯通，通过教师的讲授，把这4个数学模型统整为1个，如可以统整为"梯形面积模型"，即（上底+下底）×高÷2。这样，长方形面积=（长+长）×宽÷2=长×宽；平行四边形面积=（底+底）×高÷2=底×高，三角形面积=（0+底）×高÷2=底×高÷2。待到六年级学习"圆的面积"后，可再做一次综合贯通。再如，小学阶段学习的立体图形的体积，不论是长方体、正方体还是圆柱体的体积公式，都可以统整为同一模型，即体积=底面积×高。

这两条原则是相辅相成的。渐进分化把总观念一步步分解为从属观念，分解为组成部分；综合贯通强调观念之间的联系，将观念作为连贯的一部分进行学习。

（二）小学教学课堂讲授教学的实施策略

顾明远主编的《教育大辞典》把讲授法定义为口述教学法，即教师通过口头语言向学生传授知识的教学方法，认为讲授包括讲述、讲解和讲演三种方式。也有学者认为，讲授有四种方式，即讲述、讲解、讲读和讲演。

1. 小学教学课堂讲授教学法的讲述

小学教学课堂讲授教学法的讲述即教师运用生动形象的语言，对事物或事件进行系统的描述、描绘或概述的讲授方式。讲述中重要的是"述"的方式，如果再细分，主要有叙述、描述、概述三种。讲述法要求教师对教材原文进行必要的处理，可以删、增，也可以改，其目标是把书面语言变成口头语言，保证把话说明白、说清楚、说通俗、说通透，在语音上让学生听得清，在语义上让学生听得懂。除了通俗易懂、确保科学性，讲述应尽可能地做到生动有趣甚至风趣幽默。这样，教师在较短时间内提供了广泛事物、事件、素材、观念等，又能唤起学生原有的"适当材料"，使学生能较好地理解和接受，并唤起学生对所学知识的激情与想象，加深他们对所学知识的印象。

2. 小学教学课堂讲授教学法的讲解

讲解与讲述不同，讲解不是讲事而是讲理。讲解即教师运用阐释、说明、分析、论证、概括等手段讲授知识内容，以揭示事物及其构成要素、发展过程，使学生把握事物的本质特点和规律。讲解，如果再细分下去，大致可分为解说式讲解、解析式讲解、解答式讲解。

（1）解说式讲解。解说式讲解侧重于无须定量分析的理论知识。例如分母表示平均分成几份，分子表示取了几份，分数线表示平均分等。

（2）解析式讲解。解析式讲解多用于理科教学中，侧重于解释和分析规律、原理、法则、公式等。

（3）解答式讲解。解答式讲解多用于解答例题、思考题或练习题的学习中，学生产生的疑惑。教师针对学生在学习中出现的问题，进行解答。

3. 小学教学课堂讲授教学法的讲读

讲读即教师在讲述、讲解过程中指导学生阅读教材，对相关重要内容进行讲授的方式，多用于语文和外语教学。当然，在小学数学一些概念的教学中，教师有时也用到。如教学"由三条线段围成的图形，叫作三角形"时，教师用不同的语调、语气、语速、重音、停顿等方式对"围成"二字进行强调，让学生强化印象。同时，在教材"数学史料"的阅读中，教师通过讲读，或者让学生朗读，也能让学生体验到其中的情感，有意识地向学生传授有关的爱国主义教育。

4.小学教学课堂讲授教学法的讲演

讲演多用于中学高年级及高等学校，指教师在广泛深入分析和论证事实的基础上，做出科学结论的一种讲授方式。如果再细分的话，讲演主要可分为专题讲座和系统复习两种，对小学生而言，侧重于系统复习。在复习中，教师既要帮助学生系统地梳理知识结构，又应做到"温故而知新"。这就考验着教师的思考与概括水平。

三、小学教学课堂讲授教学的常见变式

（一）讲授法与启发式教学法相结合

在中国古代教育中，讲授法和启发式教学是相辅相佐、同时存在的。如《中庸》提出的学习方法"博学之、审问之、慎思之、明辨之、笃行之"等。这一变式适用于讲授思考性比较强的内容，学生需要调动思维去琢磨，才能恍然大悟。当然，有时为了增添课堂教学的"高低起伏"，让学生欲罢不能，在发中启，在启中发，都可以起到很好的效果。运用讲授法时，教师要在"疑"和"问"上多做研究。在讲授的过程中，激起学生探知的兴趣，让学生产生困惑或认知冲突"到底怎样做好""其中的原因是怎样的"，吸引学生走进教学之中。

（二）讲授法与直观演示法相结合

语言讲授，再怎样生动，听者都会觉得抽象，特别是低年级的学生更依赖形象具体事物的理解。讲授法与直观演示法相结合，可以增添讲授过程的信息源，克服信息传递的单调性。因此，在讲授过程中，教师要充分利用实物、图片等教具，使抽象的内容直观化，枯燥的内容生动化，平面的内容立体化，单一的内容有趣化。此外，可以充分利用多媒体设备作为辅助手段，化远为近，化静为动，促进学生理解和掌握数学本质，形成有意义的学习。

这一变式常见于小学数学课堂教学之中。特别是，当学生理解有困

难、建构需表象时，教师常常会采取观看多媒体课件、实物展示、实物演示、观察身边的相关事物、画图等方式展开，使言语讲解或讲授中的抽象事物化为具体形象，可见、可摸、可思，实现有意义的建构。因此，教学中教师要在"物"和"演"上多做努力，对提供怎样的物、怎样演示，都应该做到心中有数。

第二节　启发教学

——调动学生内在动机

一、小学数学课堂启发教学的相关理论

（一）维果斯基的最近发展区理论

维果斯基最近发展区理论最核心观点是儿童在有指导的情况下借成人的帮助所达到的解决问题的水平与在独立活动中所达到的解决问题的水平之间的差异。教师要把握好学生"现实发展水平"与"潜在发展水平"，"现实发展水平"指学生通过自己的知识积淀、努力可以独立完成任务的水平，而"潜在发展水平"指学生单凭一己之力难以解决但在有外在帮助的情况下能够完成的智力水平。维果斯基最近发展区理论认为：至少应该确定儿童发展的两种水平，如果不了解这两种水平，将不可能在每一个具体情况下，在儿童发展进程与他受教学可能性之间找到正确的关系。

最近发展区理论对启发式教学的启示主要有两个方面：①教师要善于把握学生认知基础、知识经验、能力水平，设置好恰当的问题；②单凭学生自己的努力不能达到的，必须重视教师的引导。教师在教学中要精准

分析学情、肯定学生、相信学生、解放学生，设置的问题既要有趣又要难度适中。这对传统启发式教学的优化有着明显启示：重视学生的体会与感受，并恰当设置好问题情境，调动学生的内在动机，启发学生通过自身的努力获取知识，达到教学的目标；教师启发和学生自主学习是一个辩证、螺旋式上升的过程，并不是非此即彼、割裂的，而是交织、融合、相互依存的。

（二）赞可夫的发展教学理论

赞可夫的发展教学理论是基于维果斯基最近发展区理论发展起来的。发展教学理论的核心是尽可能地产生最大教学效果，促进学生的一般发展。其中，一般发展指儿童个性化的发展，不仅包括智力因素的发展，而且包括非智力因素的发展，如学生个体情感的发展、意志品质的发展、身心健康的发展、态度价值观的发展、集体主义思想等。

发展教学理论对传统启发式教学的启示主要体现在：①视角的转变，关注知识掌握的结果，引导学生注重知识之间的联系，形成系统的知识体系；②从传统启发式教学关注"怎样教"转变为关注学生"怎样学"，从重视单一知识结构的落实与达成转向全面育人，全面关注学生的发展，启发学生学习，让学生智力、非智力因素都尽可能得到发展。这对启发式教学后来形成注重知识、技能掌握，重视学生思维、个性培养的"发展"育人目标上产生了积极的影响。

二、小学数学课堂启发相关教学的比较

（一）启发教学与提问式教学的区别联系

启发式教学、提问式教学均有提问的环节，但不能简单地认为提问式教学等同于启发式教学，提问式教学的主旨通过提问推动教学进程，提问是一种教学的手段和途径。在启发式教学中，提问不是唯一的手段，并且不是以提问作为启发的主要手段。当然，启发式教学需要提出一定的问

题，促进学生进行自主学习、探索、理解、消化并内化。总而言之，启发式教学以恰当问题的提出，启发学生自主进行学习，以凸显学生的主体地位，而不以问题的多少、次数、是否提出问题作为启发式教学的评判标准。启发式教学中提出问题，要把握好问的时机和问题的难度。学生能自己解决的问题，教师不必帮忙。问题要提在前后知识衔接、重难点知识、核心问题、学生思维困顿处、学生思维拔节处，要让学生通过自主思考能解决问题。启发式教学的提问一定要能启发学生的思考，激发学生自主学习的意识，培养学生自主学习的能力。

（二）启发式教学与探究式教学的区别联系

探究性学习法，从广义上而言，在泛指教师指导下学生自主探究问题的学习；从狭义上理解，它是一种专题研究活动，指学生在教师指导下从自身生活和社会生活中选择并确定专题，以类似数学家的方式主动地获取知识、应用知识、解决问题的学习活动。启发式教学在学习方式和适用范围方面与探究式学习有着明显的差异。

1. 学习方式有别

启发式教学，重在教师先点拨，然后让学生进行自主学习和思考。启发要能促使学生思考、领悟，重在揭示事物本质的规律，让学生的认识得到提升或发现事物的本质规律。探究性学习，通常先确定探究主体，再通过教师提供、学生自主搜集的资料进行学习，必须有探究的主体和相关资料的准备。

2. 适用范围不同

探究性学习，通常要通过教师或师生合作一起拟定探究的主题，探究性问题的空间较大，需要的人员和时间相对较长，且问题一般类似于数学综合实践活动、数学建模，需要搜集相关资料进行验证和证明；启发式教学对主题没有过多的要求，主要是教师在关键的地方对学生进行启发与点拨，激发学生进行自主学习，重在学生主体学习意识的唤醒和培养。可以说，启发式教学适用范围更广。

总而言之，启发式教学的主要特征有：一是最大限度发挥学生的主体地位，注重学生学习积极性的激发，重视学生内在动机的调动；二是注重发挥教师主导作用，需要教师准确把握学情和启发时机，引导学生进行思考和探究；三是注重创设启发情境，启发学生自主思考和探索，通过自己的探究形成知识体系；四是需要融洽的课堂氛围，注重学生课堂的感受与体验，重视融洽、民主、和谐的师生关系，鼓励学生大胆表达自己的观点与看法；五是有较广的适用范围，没有具体教学内容、形式的限制，在新知教学、习题教学、试题分析教学等课型均可以采用。

三、小学数学课堂启发教学的实施

（一）小学数学课堂启发教学实施的原则

启发式教学的典型特征较多，但最为核心的有两点，即课堂上最大限度地发挥学生的主体作用和教师的主导地位，构建民主、和谐的教学氛围，具体要求包括：要摒弃教师机械讲解、学生缺乏自主思考的教学方式；既强调学生在课堂教学中主体地位的凸显与主体作用的发挥，又强调教师在教学中的引导作用；要构建民主和谐的课堂氛围，注重对学生学习兴趣、学习动机、学习态度等的激发与培养，让学生能调动"内因"，注重激发学生的学习动机和学习动力；让学生敢于发言、敢于表露自己对教学内容的初步感知与困惑；关注学生"创新"与"求异"的思维产生；需要构建民主、和谐、宽松、愉悦的课堂氛围。

（二）小学数学课堂启发教学实施的阶段

1. 准备阶段

准备阶段，有两点要明确：

（1）研究教材，把握好学生的已有知识、认知基础，设置好引发学生学习动机的题目，上课一开始就调动学生的思考与探索；

（2）课前让学生自主预习，试做题目或导学题等有关资料，让学生对知识有自己的酝酿与思考，带着问题进课堂。

在课堂教学正式展开之前，教师要认真分析和准确把握学生的认知起点。认知起点不仅包括学生已有的经验、知识储备、认知规律，还包括教材的编排顺序逻辑、知识的内在联系。简言之，教师要努力读懂教材、读懂学生，应着重思考"本课的教学目标；重难点""学生的困惑点；学生思维阻碍点""如何引入新知；怎样的问题设置，能激发学生的思考，便于学生理解与掌握"等问题。教师可以结合自身经验也可以通过课前调研（问卷、谈话等方式）、前测等方式，对学情进行分析，进而聚焦学生思维盲点、难点、困惑点，设计好统领性（教学重难点与学生普遍存在的问题）情境，激发学生的探究欲望，让学生的思维处于兴奋、主动探索的状态。

2. 诱发阶段

诱发，主要指问题的提出，通常由学生结合数学问题情境或课前自主学习中的困惑提出疑问，或者由教师结合学生实际情况或教材的重难点知识提出问题，激发学生的思考。

问题的提出是启发式教学重要的环节。只有良好、恰当的问题才能启发学生思考，激活学生的思维。问题的设置要做到"藏而不露"，既能激发学生的学习兴趣和欲望，又能蕴含数学知识，做到"生活味"与"数学味"相结合，引导学生根据问题情境自主提取、筛选、梳理信息，发现问题、提出问题、解决问题。在学生提出若干问题的基础上，教师进行问题的分析、归类、提炼，最终形成普遍、共性、课堂能进行探究和解决的问题。学生自主学习过程中的困难，或自主提出的疑问，需要教师课前收集和分析。这些疑问包括学生的学习困惑、师生课前谈话中发现的问题，或者是调研、前测中均出现的问题。教师需要对这些信息进行收集和整理，确定哪些可以让学生之间相互启发或者个别解决，哪些应设置为班级着重解决的问题，启发全班进行思考。因此，对这类问题，教师要进行聚焦、统领性问题的设置，让问题具有代表性，顺利推进课堂教学。

3. 释疑阶段

释疑阶段主要是结合学生在思考中存在的困难，教师进行针对性的点拨，使学生初步具有举一反三的能力。其中，学生困难的突破与解决，可以是教师主导性的讲解，也可以是学生之间的相互启发。此环节，要凸显学生学习的主体地位，也要注重凸显教师启发的主导。

学生的主体地位具体表现为：学生能够解决的问题可以通过自主阅读书籍，或者同学之间的相互讨论解决；较难的问题，在教师的启发下，学生通过自主探究、猜想、操作等，逐步理解；某些结论性的总结、规律的发现，学生要有机会参与总结、归纳，提升举一反三的能力。

教师的主导作用具体表现为：一是有针对性地、有的放矢地进行点拨，引导学生提升知识迁移的能力。某些知识，教师可以启发学生举例子、说道理，帮助学生理解和掌握。如，加法交换律的教学时，在结论出来之后，教师可以让学生再举一举例子，加深理解。二是教师在学生出现困惑时要进行必要的讲解。有些问题，单凭学生的思考和探究无法突破时，教师要结合范例或有关材料，给学生设置好知识的梯度，降低知识的难度，帮助学生搭好框架，让学生通过自身的努力解决。学生启而不发的时候，教师要及时对问题进行解剖，提出若干个小问题，让学生分步走，逐步递进。三是教师启发学生思考的形式要多元。如，可以通过直观表征（实物操作、学具操作、教具演示）的形式，让学生初步感知，接着让学生用语言表征，再逐步启发学生完整、清晰地用语言表述出来，最后抽象出一般的结论，掌握本质的知识。

4. 转化阶段

转化在此处有别于解决数学问题的方法与技巧，是帮助学生内化知识的教学形式与途径。当学生解决问题后，一般性规律的发现、结论的形成、概念的生成，并不等同学生对这些知识的深刻理解与牢固掌握。学生从基本的了解走向深层理解和熟练掌握，必须通过适当的练习帮助学生内化知识，形成能力，最终融会贯通。一般可以设置三个层次的练习——再现、变式、综合。第一层次，再现，主要是基础知识的再现，帮助学生巩固基本知识与技能，对所学知识进行巩固。第二层次，变式练习，变化条件，促进学生厘清概念，对问题本质进行思考，训练学生触类旁通、举一反三的能力。变式练习有助于培养学生思维的灵活性和发散性，训练学生对问题思考的缜密性与严谨性，训练学生的思维品质和分析数学问题的能力。第三层次，综合练习，旨在培养学生综合运用所学知识解决问题的能力，提升学生应用知识的水平与综合能力。综合练习可以是单元知识综合（综合单元课时的多个内容）、整册多个知识综合（综合整册或多册内容的多个知识）、领域知识内容融合（结合学科领域内容，纵向、跨册多个知识之间的融合）。多种形式的综合问题设计，能有效提升学生对知识的整体把握能力与综合运用水平。

5. 应用阶段

数学知识的学习，都要归结到实际应用。应用指将课堂所学数学知识与课外实践活动或拓展性学习内容相结合，有助于学生体会和感受数学知识与生活的联系，用数学的眼光看待生活中的问题，用数学知识解释生活中的现象，能提升学生应用数学知识解决生活问题的能力，以及用数学思维审视、分析现实问题的意识。例如，可以设置一些开放性的题目、调查报告、数学小课题，让学生研究生活中的一些现象，并进行调查、分析、提出解决问题的对策；也可以布置数学小日记、数学小论文、数学小报，让学生尝试记叙、整理所学知识，内化知识，提高学习数学的积极性。

以上为启发式教学新知的教学流程，可根据课型（练习课、复习课、试卷评讲课）的不同，灵活进行调整和取舍。总而言之，启发式教学有着广泛的适用性，没有具体内容与课型的限制，其主旨在凸显学生学习主体地位，诱发学生自主思考，促进学生对知识的理解与掌握。

四、小学数学课堂启发教学的常见变式

小学数学课堂启发教学的常见变式有问题式教学、探究式教学等。

（一）问题式教学

问题式教学强调师生基于问题，一起解决实际问题，注重启发学生思维和培养学生问题解决能力。问题式教学与启发式教学的主要联系是，以问题为载体，启发学生思考，调动学生的积极性。问题式教学流程为"困难或者问题的发现—明确解决的问题—收集解决问题的资料、证据—提出假设—验证假设"。问题式教学与启发式教学都通过问题呈现，启发学生研究和思考，不同之处在于：问题式教学适合有具体探究目标或者学生能提出相关问题的教学，适用性没有启发式教学广泛；在收集和解决问题途径方面，学生有更多的自主性，能经历知识的探究过程，主体性能得到很好的彰显；问题式教学更类似于项目式的研究和学习，在课前对学习资料、资源的收集有一定的要求，在学生猜想、验证的数学学科思维的训练上更具有开放性和实践性。

（二）探究式教学

探究式教学指在教师的启发下，确定探究的主题，以类似科学家研究问题的方式进行问题研究，并运用所获得知识解决生活中实际问题的教学方式，其主要教学流程为"形成问题—建立假设—制定解决问题方案—检验假设—得出结论"。两种教学方法在学生的主体性凸显、教师的启发引

导、学生学习积极性的激发方面相同，也有一些明显差异：探究式教学主要以问题为核心，通过探究问题驱动和引领展开教学，让学生习得知识、积累经验；问题本身必须通过具体的情境呈现，脱离情境本身，就很难有问题的形成；在学习目标的定位上更为灵活，学习的方法更为开放与多元；始终以问题为驱动，围绕解决核心问题展开教学。

第三节　讨论教学

——促进学生全面发展

一、小学数学课堂讨论教学的相关理论

（一）杜威的活动课程理论

教育理论家和教育实践家杜威，针对传统教育的弊端，提出"社会中心""儿童中心"和"活动中心"教学三原则，并深入到其活动课程中。杜威的活动课程重视儿童兴趣与需求，坚持探究性活动课程形式，促使儿童、知识和社会相统一，还强调改造学科课程的课程观。据此，他要求活动课程的设置必须为学生创设丰富的问题情景，以学生需要为设计的重要依据，避免形式化的教学。讨论教学法可以说秉承杜威的活动课程理论的优点，始终围绕某一既定的主题而展开，在课堂上以学生诉求为转移，创设自主、合作学习的讨论环境，充分体现师生间的民主、平等和交流，为学生主体性地位的发挥创设必备的条件和形式。实施讨论式教学法还必须注意避免沦为为讨论而讨论的形式化教学，这也是讨论式教学能成功的关键所在。

（二）施瓦布的探究学习理论

施瓦布的探究学习理论认为，教应是一个揭示自然事物的过程和提高学生理解力的方式，是引导学生发现事实间相互联系的过程，探究学习理论主张儿童自主地以探究讨论的过程来获得知识，并在重视知识的获得过程学习当中，既发展个体探究能力，又形成个体性的知识体系。讨论教学法是探究学习理论的衍生，学生在教师的启发与引导下，以讨论的形式，探究解决某一既定问题，建构新知。

（三）以阿莫纳什维利的合作教育学理论

以阿莫纳什维利为代表的合作教育学的理论，其主要内容是：要求从人道主义精神出发处理好学校生活中的人际关系；提出"合作"是教育思想的核心，教学要体现学习过程中的合作思想；提倡高难度和超前学习的思想；主张开展适当的课业形式及作业评定无压力和自我分析的思想。讨论教学法是合作教育学理论的有效践行方式，要求师生共同参与、相互合作、相互启迪、相互帮助，一起解决教与学中难度较大的问题。特别在提倡素质教育的今天，讨论教学法更是经常出现在合作教学的组织过程中。

二、小学数学课堂讨论教学的优势

（一）提高课堂教学效率

使用讨论式教学法最大的亮点是激活课堂内容。教师与学生、学生与学生之间是多向交流的，积极推动、促进学生之间的信息传递，增大学生与学生之间的信息传递速度。学生在讨论过程中可影响彼此的推理和结论，有利于认知活动的形成，更直接地从同伴进行行为方式和思想的交流，提高学习效率。

（二）培养学生的创新思维

传统的教学方法重点强调讲解，以知识灌输为主要目的，占用大量的课堂时间，学生往往只能被动地接受知识，缺乏创造性意识的培养。讨论教学法相对于传统教学法来讲，给学生提供思维开放的教学环境。在讨论中，学生各抒己见，各种不同的观点和矛盾交融在一起，互相启发，互相补充，促进对知识的理解和掌握。讨论教学法要求学生在课前阅读教材的基础上，运用已有的知识进行分析、加工、推理、论证等一系列思维活动。在讨论和争论中，问题常常是事先预想不到的，学生要在极短的时间内抓住问题的实质，组织大脑中储存的知识进行分析、推理、论证，从而得出结论，这种高密度的思维活动能有效地培养和提高学生思维的敏捷性、灵活性、独立性和创造性。

（三）建立和谐的师生、生生关系

在传统课堂教学中，教学关系拉开了教师与学生的距离。使用讨论教学法，教师亲身参与到学生的交流活动之中，能鼓励学生与教师、同学交流。此外，讨论的过程为缺乏学习动机的学生提供学习的机会，让他们在讨论过程中获得同伴的期待，强化学习动机。讨论学习，凸显学生的主体地位，兼顾学生个性与群体发展，在改善课堂人际关系上具有独特的优势。

（四）促进学生全面发展

讨论的问题一般都有难度，开展讨论活动要求学生把书本知识和实际问题密切结合，灵活解决问题，不但能有效地培养和提高学生运用知识解决问题的能力，而且能提高学生的实时反馈能力和评价能力。在一系列讨论活动中，学生需要准确、清楚、全面阐明自己的观点或驳斥对方的观点，能不断地锻炼和提高口头表达能力。

三、小学数学课堂讨论教学的适用条件

（一）课程伊始使用讨论式导入

课程伊始，以问题为驱动，使用讨论式导入，在学生注意力最集中的时候，组织学生进行有效讨论，启发学生"醒悟点"，诱导知识"迁移点"，直至教学问题的中心。

（二）重难点突破时使用讨论教学法攻克

（1）学生独立思考出现困惑时，可使用讨论教学法。课堂上学生出现困惑是很正常的事，如果教师直接讲解，即使学生当时明白了也会印象不深刻。这时最好使用讨论教学法，鼓励学生展开讨论。教师在适当的时候给予一定的指导或鼓励，使学生进一步发现和探索规律，及时解决问题。这样既能有效地促进学生对数学的真正理解，又能给学生留下深刻印象。

（2）当学生对某一问题有不同的解法或对某一解法有争议时，可使用讨论教学法，让学生在讨论中不断碰撞思维，不断修正自己的观点或使观点更加清晰、明确，更好地解决问题。

（三）课尾时组织学生进行反思式讨论

尽管课堂上学生积极参与活动，课尾时学生的思维难免出现点状或散乱，没有成为系统，或对课堂上使用的数学思想方法印象不够深刻。此时，组织学生进行反思式讨论，可以丰富学生的数学体验，进一步加深学生对数学知识本质的理解和认识，甚至可以扩大学生的思维空间，起到举一反三的作用。

（四）授课内容使用讨论教学法

授课内容方面适合使用讨论教学法的情况包括：

（1）对综合性较强而又复杂的实际问题，即涉及程序性知识的，需要用学过的理论知识综合地处理才能解决的问题，而这些问题又没有统一的解决途径或固定的答案时，运用讨论式教学法更有效。

（2）对某些理论性问题，如属于推论性质的，也可通过讨论的方式，利用学过的原理推出结论。

四、小学数学课堂讨论教学的实施

（一）小学数学课堂讨论教学的实施流程

讨论教学法的基本流程可以分为准备、讨论、整理、巩固和强化这五个阶段。

1. 准备阶段

教师层面，必须读懂教材与学生，根据每节课的教学内容、知识体系和学生的年龄特征、认知结构，设计预习思考题；学生层面，以教师给出的预习题为指引，课前阅读教材，尝试发现问题，提出问题。

2. 讨论阶段

教师层面，根据教学目标、教学重难点和学生预习中存在的问题，设计有针对性的讨论题；学生层面，互相讨论，互相质疑，回答教师提出的问题，纠正错误观点，寻找合理方法。

3. 整理阶段

教师层面，引导学生对讨论的方法、观点和见解进行归纳整理，构建新的知识体系；学生层面，学会归纳整理知识的方法，在总结中构建新知，完善知识体系与认知结构。

4. 巩固阶段

教师层面，根据教学内容和学生掌握情况，布置适当的基础练习，巩固新知，强化基础知识；学生层面，根据基础题进行练习，可以适当地进行板演，讨论练习中出现的问题或对同学的解题方法进行讨论、提出自己的见解。

5. 强化阶段

教师层面，让学生的思维再向前迈一小步，拓宽学生思考空间，精编有梯度的综合练习题，并根据学生的作答、讨论情况进行评讲；学生层面，自觉复习梳理新知，再完成综合练习，必要时可以进行讨论。

（二）小学数学课堂讨论教学的实施策略

1. 准备讨论策略

（1）建构小组讨论策略。建构讨论小组是实行讨论教学法的首要问题，而建立结构优化的小组能为讨论活动顺利开展和实施提供保证。建构小组，应当坚持两个原则：①组间同质，即每个小组之间都应该具有同样的水平，同样的条件，使各个小组能够开展公平的竞争；②组内异质，即每一个小组内的组员都应该各具特色，大家互相取长补短。组内异质能保证讨论的观点、见解多样化，使讨论的问题更全面、更深入，甚至更具体。

具体而言，建构小组讨论策略可以从五个方面进行考虑：①小组内混合成绩中的优等生、中等生和学困生，让不同层次的学生在讨论中体现自身价值、互相促进；②小组内混合不同智能优势的学生，不但能提高小组讨论活动的效率，而且能促进个体与群体的全面发展；③男女混搭，丰富小组认识与分析问题的能力；④不同性格特征的学生组合在一起，互相影响与促进，共同进步；⑤学生的人数以4—6人为宜，以避免人数过多而遏制组员参与讨论的机会，也可保证观点的丰富性。

（2）问题情境创设策略。问题是讨论式教学法的探究之本，思维之源，创新之基。让学生置身于一定的问题情境中，有助于开启学生的思绪，激发其探究欲望，提高课堂效率。创设问题情境应当注意以下原则。

第一，以生活为基点，以数学化为终点。思维往往从问题开始，问题来源于生活，更能诱发学生内在的学习动机，调动其已有的生活经验与知识储备，促使其探究解决。但数学毕竟是思维学科，一味地追求生活化，往往只停留于表征认识。只有触及问题本质，才能上升到理性认识，体会"数学味"建构的数学新知。

第二，形式丰富，主题明确。"有趣、好玩、新奇"的问题情境，能直接刺激小学生的感官系统，促使学生主动地寻求数学知识，为探索问题建立生长点。问题情境要紧扣教学目标，以免场景过大，讨论抓不到实质或过度费时。

第三，重视学生认知规律，问题难度适中。讨论教学法要凸显学生的主体地位，提高学生的素质，过于简单的问题会让学生觉得索然无味，难度过大又会让学生望而生畏。问题的设置应符合小学生的认知规律，在学生的"最近发展区"最大限度引发学生的积极思维，逐步提高学生讨论、分析和解决问题的能力，真正做到"授之以渔"。

（3）提高认识与技能策略。为避免讨论过程中争执不下，偏离主题，教师要教育学生正确对待争论，无所谓输赢，在合作的基础上紧扣问题各抒己见，互相尊重，虚心听取每一位成员的意见，然后进行综合分析，找到解决问题的最佳方法，共同提高。教师还要教会学生掌握必要的讨论技能：发言声音清晰洪亮，使用规范语言说明解题的思路、方法与规律，还要注意前后知识联系，个人感悟等。讨论中提出的新问题不要偏离主题，要善于倾听，及时补充、完善解题方法，评价同学的发言。

2. 推动讨论策略

在讨论学习过程中，往往会出现：讨论过泛；争执不下，活动受阻；行为不当，没有充分利用讨论时间等现象。教师要根据实际情况及时引领、调控，以确保讨论顺利、有效进行，具体应注意的问题包括：①分工。确保讨论有组织地进行。②指导。当学生讨论缺乏方法时，教师要耐心指点，授之以渔；当学生讨论跑题时，教师要及时校正，把学生思路拉回轨道。③诱导。当学生出现思维困惑、无从讨论，或不愿进一步讨论时，教师可利用新问题或旧知诱发学生的探究欲望，激发学生继续讨论的意愿。④疏导。当学生思维不顺畅时，教师应及时讲授或补充有关知识，耐心疏导，帮助学生消除理解上的障碍。⑤引导。在讨论过程中，教师要引导、启发学生围绕讨论主题，联系生活，从不同角度、层面，逐步分析，还要善于捕捉学生讨论时出现的亮点，适时点拨，促使学生的思维迈开一大步，有效地解决问题。⑥评价。教师要以及时对各小组的学习效果进行评价、肯定、激励学生参与热情，为学生讨论的方法与解决问题的策略导向。

五、小学数学课堂讨论教学的常见变式

讨论教学法的常见变式有参与式教学法、对话式教学法和问题教学法。

（一）参与式教学法

指全体师生共同建立民主、和谐、热烈的教学氛围，让不同层次的学生都拥有参与和发展机会的一种学习方式，是一种合作式或协作式的教学法，其教学流程为"联系实际，导入—探索实践，新知—实践运用，体验—归纳知识，拓展"。参与式教学法把学生放在教育教学生活的主体位置；教师与学生以平等的身份参与到教学活动中，共同讨论、共同解决问题，共同推进教学，这两点上和讨论式教学法是一脉相承的。但参与式教学法是教师通过组织、设计"活动"的形式，全面调动学生积极参与、创造性学习与发展的教育理念、教育模式；而讨论式教学法是教师设计"问题"，组织和引导学生参与讨论，发表自己的见解，创造性解决问题的教学方法，形式较参与式教学法单一。

（二）对话式教学法

在课堂过程中教师和学生之间进行对话交流，从而让学生学到知识的教学方法。教学对话可以发生在教学过程和教学情境中，其课堂教学流程一般为"温故知新—呈现新知—运用拓展"。对话式教学法是师生、生生间以讨论的形式双向或多向进行思想、情感和精神上的交流与沟通，这一点和讨论教学法是一脉相承的。但对话式教学方法与讨论式教学方法有不同之处，它不是由教师提出问题学生回答，而是师生间互问互答，彼此沟

通，相互切磋，共同提高，其形式主要有师生对话、生生对话、生本（文本）对话和自我对话。讨论式教学法主要是师生讨论、生生讨论，形式相对略少。

（三）问题教学法

将教材的知识点以问题的形式呈现在学生的面前，让学生在寻求、探索解决问题的思维活动中，掌握知识、发展智力、培养技能，进而培养学生自己发现问题、解决问题的能力，其教学流程为"提出疑问，启发思考—边读边议，讨论交流—解决疑难—练习巩固"。问题教学法和讨论教学法都涉及问题的设置和讨论，问题教学法在教师提出问题后由学生带着问题自学教材，理解问题，讨论问题，最后教师根据讨论情况，有针对性地讲解，准确地引导学生解决问题。它以问题为载体贯穿教学过程，使学生在设问和释问的过程中萌生自主学习的动机和欲望，进而逐渐养成自主学习的习惯，并在实践中不断优化自主学习的方法，提高自主学习能力。而讨论教学法在讨论和争论中会遇到事先预想不到的问题，要求学生在极短的时间内抓住问题的实质，组织大脑中储存的知识进行分析、推理、论证，从而得出结论，这种高密度的思维活动更能有效地培养和提高学生思维的敏捷性、灵活性和独立性。

第四节　项目教学

——倡导学生主动参与

　　项目教学法指的是教师负责指导，学生独自处理数学项目、独自收集信息、设计方案、实施方案、独自进行最终评价的教学方法。学生在项目过程当中能够了解项目的每项要求，参与到项目的所有环节，最终解决问题，获得发展。项目教学法以学生的自主性、探索性学习为基础，把教学内容和教学目标巧妙地隐含在一个个任务之中，采用类似科学研究及实践的方法，即教学进程由任务驱动，而不是对教材内容的线性讲解，促进学生主动积极发展。

一、小学数学课堂项目教学的相关理论

（一）建构主义学习理论

　　建构主义学习理论指出，如果个体目前掌握的知识无法让他顺利解决遇到的问题，这时学习就会开始。建构主义学习理论指出，教师向学生传递知识、传播理论的过程并不是学习，学是学生自主进行知识建构的过程。也就是说，学习是主动的，而不是被动吸纳信息，学习需要

学生调动自己的原有经验展开新知识的认知、了解，建构知识的建构只能是学习者自己进行，无法由别人代替。项目教学是建立在建构主义学习理论之上的一种探究学习模式，无论是项目教学还是建构主义学习理论，都非常注重学习的主动性、情境性以及协作性。让学生面对复杂的真实情境，以问题解决的任务为驱动，主动搜集和分析有关的信息资料，对所学的问题提出各种假设并努力加以验证，在合作中学习，在不断解决疑难问题中，完成对知识的意义建构。项目学习过程，要求学生善于把当前的学习内容尽量与自己已有的知识经验联系起来，并对这种联系加以认真思考，而联系和思考本就是意义建构的关键。在项目推进过程中，学生是活动的积极参与者和知识的积极建构者，教师成为学生学习的高级伙伴或合作者。

（二）杜威的实用主义教育理论

杜威提出的实用主义教育理论涉及的观点有：首先，经验是教育的中心，理论指出知识来源于经验，并非来源于书籍或者是人的解惑结论；其次，儿童是教育的中心，实用主义教育理论强调要注重激发儿童兴趣，要满足儿童的兴趣需求，教育的起点和出发点应该始终是儿童；最后，教育以活动为中心，理论强调过于注重书本教学有一个明显的缺点，那就是儿童在学习的过程当中无法有效主动学习，书本为学生提供的是被动的学习条件。

实用主义教育理论认为应该遵循在做中学的教育理论，该教育理论涉及的要素主要有五个：其一，为学生创设疑难情境，激发学生对学习的兴趣；其二，找出儿童觉得疑难的地方，引导儿童积极思考；其三，针对具体的疑难问题提出假设；其四，按照假设推导相应的结果；其五，进行实验验证结论或反驳结论，利用实际的应用来检测假设是否正确，使用的方法是否正确。该教育理论的五个要素本质是为了通过实践的方法，提高学生能力水平。

项目学习的内容主要是与现实生活相关的问题，基本是现实生活中存在的真实问题，因此，在项目学习当中，学生面临的是相对真实的学习环境，这极大激发了学生的学习兴趣。项目学习可以是以小组为单位，也可以是以班级为单位；时间上可以是以星期为单位，也可以是以学期或者以学年为单位；项目的出发点既可以是单学科课程，也可以是跨学科的课程项目。学生在参与真实项目或模拟项目的过程中可以充分调动学生经验，让学生收集身边的资源，实现了学生在做中学。学生在完成项目任务后，能够掌握一定技能，能够积累一定知识。项目教学更加注重项目的现实性，更加注重活动的参与，这一点符合杜威提出的实用主义教育理论。

（三）情境学习理论

情景学习理论的流派主要有两种：一种是心理学传统的情境学习理论，该理论认为知识的学习应该在情境中，应该是学习者和情境之间的交互。在此过程中知识被建构，知识并不是抽象化存在的，也不是主观单纯创造或客观单纯定义的。如果从心理学传统的情境学习理论出发，就会发现知识的建构过程中最重要的是参与实践。在项目教学过程中，为学生设置的内容也主要是在实践当中做任务，学生可以在任务的完成过程当中收获一定知识和能力。

另外一种是人类学传统的情境学习理论。该理论指出，学习是社会实践过程的一个重要组成部分，而且学习本身是完整的，是一个整体。在实践共同体当中，学习是合法的边缘性参与，人类学传统的情境学习理论试图从一个全新的角度去看待学习，分析学习。学生在学习的过程中，一定会涉及实践共同体，学生对实践共同体的参与会经历旁观者到参与者再到成熟的示范者的变化，也就是说，从最开始对实践共同体的合法边缘参与逐渐转变成实践共同体的核心位置，从实践的新手发展到实践的专家。

项目教学的目的是为学生提供多种多样的参与方式，让学生在项目创设的真实环境或模拟环境当中完成项目任务。学生在参与任务的完成过程当中会和教师或者同伴进行交流，学生会逐步成长从新手慢慢地发展成专家。项目教学一般情况下会将所有学生分成不同的小组，让每个学生都参加到项目发展过程当中，让每个学生都有自己的任务，这样可以避免学生对其他学生的依赖。需要注意的是，教师要及时和其他同学分享学生制作成果，让学生评判是否存在问题以及如何改进，引导学生自主地评价和思考，正确认识自己的不足，不断地学习、提高。从这个角度来讲，合法的边缘性参与就是项目教学当中的学习，学生兴趣的不同、观点的不同会导致学生对学习的参与处在不同的水平，对项目任务完成能做出的贡献也不同，因此，学生最后获得的知识、技能及态度也会有所差异。但是在参与的过程中，学生会获得相对应的成长。

二、小学数学课堂项目教学的特征

（一）教学内容的结构特征

项目教学法根据学生的接受能力及信息时代的需求，以"项目"为线索，横向综合多个学科课程体系结构，精心组织教学内容，更有利于学习者全面地了解知识的生活原型，提高发现问题与解决问题的能力。传统教学法采用的是以知识点为线索、以学科为体系的课程，并且教科书和教师讲授的知识是经过前人专家从具体的生活经验和研究中提取出来的，学习的知识抽象、单一，已经被人为地删除了许多复杂因素，不利于创新能力的培养。

采用项目教学法，教师根据授课内容选用具体项目，再根据学生的实际情况合理计划和组织教学，因此资源的开发和设计是教师的一个关键性任务。根据项目学习对资源的需求，教师要在项目执行之前组织大量有效的"预设资源"和"相关资源"。这些设计也必须引导学生参与，或者指导学生自己构建和组织资源。教师要按照课程的体系和授课方法开展教材编制工作，开发理念先进、结构合理、形态新颖、适合于学生自主学习的新型教材。所以，组织项目教学的教师，工作更重，责任更大，要求更高，是项目教学取得实效的重要保证。当然，在信息化时代，由于信息技术、人工智能的发展，和信息获取的方便、快捷及学习资源的极大丰富，也为基于项目的学习提供了一个良好支持平台。

（二）教学目标的定位特征

项目教学法以项目为依托，将理论与实践紧密地结合在一起，不再追求教师对学生进行的单选知识的传授，也就是说，学生不再单纯听从教师的安排去学习确定的教学结论，而是要在教师指导下，调动自己的经验和技能去吸收新的知识，掌握新的技能，解决新的问题。学习开始注重学习过程，而不过多地关注学习结果，强调学生在学习过程中能力的锻炼。传统的教学主要使用的是教学课本，学生主要学习的是教师单线传递过来的知识与技能，解决过去已经解决过的问题。在项目学习过程中，教师应该掌握项目有关的相关理论知识及相关技能，在设计项目教学内容时，要选择合适的能够全面覆盖学习范围的项目内容，除此之外，教师还应该做好充分准备，因为在项目学习过程当中，学生会提出各种各样的问题，教师应该利用自己的学识将课堂发展控制在自己的掌控之内。

（三）教学方法的形式特征

项目教学法倡导学生主动参与、乐于探究、勤于动手，在学习过程中不断地根据"项目"的需求主动地寻求知识，强调自主学习和探索，进而学会想办法解决遇到的问题。传统教学法更多的是教师讲、学生听，学生多处于被动接受知识的状态。基于项目的学习是一种创造性地解决实际问题的学习方式，这就要求教师具有组织设计和实施实践教学活动的能力，以学生对"任务"的原有知识经验和认知结构为基础，规划整个学习的切入点，不要过多地追求复杂的公式推导、理论计算。每次课堂中涉及的信息数量及信息难度也不应该过多过大。教学的重点是一边做一边学，让学生的实践和知识有机结合。同时，项目的完成应该跳出课堂时间的影响，应以单元为整体概念展开数学项目活动的设计，让所有分裂的课时为整体单元的学习而服务。因此，在备课时，一定要打破以一节课为时间节点的课程设计限制，要从阶段性学习的角度出发来安排教学时间，设计教学内容。

与此同时，活动的设计还需要考虑到学生的兴趣、学生的需求。根据学生情况来选择学习主题、安排学习任务。除了项目教学法，教学过程中还应该涉及其他教学方法、教学类型、教学技术的使用。

（四）教学活动的主体特征

在项目教学过程当中的学生需要参与到项目教学的每一个环节，比如收集信息、制订计划、选择方案、实施目标、反馈评价等。学生是活动进行的真正主人，学生需要遵照教师的指导进行自主探索，自主进行知识建构。在项目完成的过程中，教师的责任是引导学生、指导学生、监督学生。在传统的教学过程当中，教师是占据学习主导地位的，学习主要是教师和学生之间的单线被动交流，但是，项目教学法要求教师转移教学重点，思考如何激发学生学习的主动性、能动性；如何为学生创设学习需要的教学情境；如何激发学生的学习兴趣；如何让学生在学习当中表现出积极性、主动性、创新性；如何设计与教学需求相符合的教学情境；如何为学生建立新知识和旧知识之间的关联；如何组织学习；如何设置问题才能引起学生恰当思考；如何在讨论当中引导学生深入思考问题；如何启发学生寻找学习规律、改正自我错误。由此可见，教师是学生学习的指导，是推动学生自主学习取得进展的推动者，是学生新知识发现的引导者。

小学数学学习过程中，小学生是主体，在项目学习过程当中，小学生在实践的过程当中完成数学的学习，在老师的引导下与同学合作，共同解决问题，提高能力。可以说项目教学法是师生共同合作获取进步的一种教学方法。

（五）评价方式的侧重特征

项目教学法在考核的过程当中非常强调考核学生的学习过程，而且考核设置的目标多元化，考核的方式也是多元化的，注重考核学生能力、个性化以及创新方面。在具体评价时，使用测试方法、设计方法、作品展示方法或者是过程操作方法等对学生进行评价。在传统的教学过程中，考核侧重于终结性的考核，主要考核的是学生的知识掌握程度、技能掌握程度，对学生的评价过于注重智力方面的因素，特别是强调达标教学的评价，为学生设置的目标没有涵盖到所有教学内容。使用项目教学法评价时，评价主要围绕项目设计的过程，因此，不再使用以往以知识为标准的评价方式，评价内容侧重的是项目过程和项目结果，而且评价方式、评价主体都要求多元化。

因此，在不同的项目教学过程中，教师要设计不同的评价方案，给出不同的评价标准，选择不同的评价方法。通常情况下，可以将项目学习的考核分为三方面：首先，由教师对项目的完成情况做出评价；其次，由项目小组的各个成员进行互评；最后，学生本人要对自己的表现进行评价。教师在最终确定学生成绩时，需要综合三方面的评价结果，项目完成后，学生需要和其他的同学分享项目成果，其他的同学需要参与到项目成果的讨论中，学生彼此可以针对项目提出问题，讨论交流，教师还要针对学生的交流过程给出评价，纠正交流当中存在的问题，通过交流和分享提高学生的知识和技能。

三、小学数学课堂项目教学的实施

小学数学课堂项目教学的实施具体如下。

（一）选定项目

对于项目教学来说，确定项目非常重要，项目的确定应该依学生的兴趣和情况来定，教师主要负责指导项目。换句话说，就是教师不能把自己认为正确的项目强行加给学生。项目的确定也并不随意，需要符合一定标准：首先，项目确定要追求自然，要涉及多项知识、多项技能，还要涉及价值观念、情感态度；其次，需要根据学生目前的学习水平确定项目难易程度；最后，项目应该是多数学生喜欢的，而且可以通过某标准对项目做出公正的评价。在具体的项目教学过程当中，并不是所有项目都能包含到以上三个方面，教师可以根据教学目标的需要有针对性地选择适合教学目标的项目。

（二）制订计划

制订计划主要涉及两方面：一是时间的安排，二是活动的安排。时间安排方面学生要有整体的规划，要仔细确认流程具体时间；活动安排方面，应该考虑到项目学习内容涉及的活动，然后再安排计划。例如，在采访专家的过程中，应如何分配人员、收集资料、访谈哪些内容等。

（三）活动探究

在活动探究中，需要学习小组结合现实情况展开深入的研究与调查，比如说直接考察某个确定地点，直接调查某一事件等。与此同时，学生还需要记录自己在活动中的所见所想，并根据自己的亲身经历提出问题，假设问题的解决思路，然后收集信息、选择方法验证自己的假设或根据收集来的信息推翻自己的假设，直到得出正确的结果或直到找出解决方案为止。

（四）制作作品

项目学习需要学生亲自动手参与作品的制作，这也是项目学习和其他教学活动的明显区别之一。作品的制作需要学生运用自己的知识经验及技能，制作作品的形式非常多，比如撰写研究报告、制作模型、制作视频、制作图片或制作网页，还可以是表演、演讲、演出等。作品的制作应该体现出学生在项目学习过程中新学到的知识或技能。

（五）交流成果

在成功制作作品后不同小组要根据彼此的作品展开交流，学习借鉴，共同感受成功的喜悦。在交流成果的过程中可以使用的形式是非常多的，比如说讨论会、研究会、报告会、展览或比赛等。交流过程当中，可以邀请学校领导、学校教师或其他感兴趣的同学，除此之外，还可以邀请家长、教育部门领导或其他和本次项目相关的专家等。

（六）活动评价

项目学习的活动评价和传统教学过程中使用的评价是有差异的。在项目学习过程当中评价的主体涉及专家、老师、学生本人以及学习同伴。而且评价除了评价结果之外，还要评价学习过程；除了定量评价外，还要进行定性评价；既要关注形成性评价也要关注终结性评价；除了评价学习个体外，还要评价学习小组；评价最终结果包括他人的评价，也要包括学生的自我评价；而且评价内容要涉及活动过程中的表现、计划的设计、课题的选择、时间的安排、项目结果的获得、结果的展示等方面。在评价项目结果时，应该主要从知识及技能的掌握程度来评价；在评价过程时，应该从数据记录、实验记录、数据调查、学习心得等方面进行评价。

（七）归档或结果应用

项目工作成果应该归档或应用到相应的实践中，如项目成果可用在日常的学习和生活中。

四、小学数学课堂项目教学的常见变式

（一）有结构的项目教学

有结构的项目教学对于学生制作的产品提出了某些特定要求。举例来

说要求学生作品制作要符合尺寸要求、材料要求、功能要求以及质量标准要求，此外，学生在制作产品时还需要遵照时间要求。除此之外，作品制作完成之后，还要进行作品展示，检查作品是否符合预定的要求标准，教师可以根据作品的达标程度来评价学生制作。

（二）与主题有关的项目教学

与主题有关的项目教学是对目前学习的知识的扩展，学生可以自主确定主题，教师也可以指定主题。学生需要自主收集信息、查找资料，然后整理信息，最终给出产品。通常情况下产品是书面报告，但是书面报告中可以是多种多样的内容，如幻灯片、录像、照片、杂志或者音乐作品等。与主题有关的项目需要小组同学共同合作、共同完成书面报告，与此同时，小组还要选出负责人展示产品结果。

（三）与题材有关的项目教学

和题材有关的项目教学对学生产品制作提出的要求是产品要涉及某些要素，还要符合具体的特征，在和题材有关的项目教学当中，学生可以以特征为指引发挥自己的想象进行创造。

第五节　分层教学

——因材施教

分层教学是根据学生的学习能力，将学生分为若干层次，根据不同层次学生的知识水平和接受能力确定不同的教学目标、教学内容以及教学方法，使各层次的学生都得到适合自身接受能力的教育，都能在最近发展区达成教学目标，使所有的学生都得到应有的发展。目前，分层教学是建立在均衡生源、平行编班的基础上，主要是组内分层教学。换言之，目前的分层教学主要是在一个班内把学生分成几个小组，每个小组由1—2个优生、2个中等生、1—2个待进生组成，教师针对不同层次学生提出不同的学习要求，给予不同的学习指导，进行不同层次的检测和评价，达成各自的教学目标，得到应有的发展。

一、小学数学课堂分层教学的相关理论

（一）目标教学理论

在分类学视角下分析课堂学习，可以将教育目标分为认知、情感和动作技能三个领域，每个领域的目标又从低级到高级划分成不同的层

次。认知领域的目标从低到高分为知识、领会、运用、分析、综合、评价等六级，情感领域目标分为接受、反应、价值化、组织、价值与价值体系的性格化等五级，动作技能领域的目标分为知觉、定向（定势）、有指导的反应、机械动作、复杂的外显反应、适应、创新等七级。对教师而言，这样分类别、分领域、分层次的教学目标与以往模糊、笼统、难于测量的教学目标相比较，更具体、更明确、可操作性强；对学生而言，这样的目标满足不同层次学生的学习需求，可明显检测不同层次学生的目标达成情况，而且分层次的教学目标，让中下生也能达到自己能力范围内的学习目标，并获得成功的体验，从而有效激励待进生。根据分领域的目标，教师还可以诊断学生在哪个领域或者哪个层次的目标还未达成，再针对问题及时补缺补漏，为教师的进一步教学和学生的学习服务。

（二）教学过程最优化理论

教学过程最优化理论是为了避免经常性的留级和普遍学习成绩差的现象而提出的，强调要整体优化课堂教学行为。教学过程的最优化指在一定的教学条件下寻求合理的教学方案，使教师和学生花最少的时间和精力获得最好的教学效果，使学生获得最好的发展。教学过程最优化的理论强调：教学简单的新知时，可以集体教学为主；而教学较难的新知时，可用分组教学或个别板演等形式；教学信息量大、过程复杂的新知时，可用集体讲授或谈话的方法，也可用集体教学和个别教学相结合的形式。教学过程最优化，强调教学方法的多样化和优化组合，并指出面对不同的教学内容，采用不同的教学方法，突显了"教无定法，贵在得法"的理念，为教学目标分层、教学内容分层、教学和指导的方法分层，提供了理论依据。

（三）因材施教理论

因材施教是一种重要的教学方法，也是一项重要的教学原则，它要求教师立足于学生的接受能力和个体差异，有针对性地开展差异教学，让每个学生都能得到最好的发展。教育要面向全体学生，要为每个学生的发展创造条件，让每一个学生都得到应有的教育，获得相应的知识，形成相应的能力。因材施教是尊重差异、利用差异、扬长避短的教学原则，也是针对差异，弥补不足，增强信心的教学方法。分层教学正是因材施教教学方法的具体化，体现了"以人为本"的教育理念。

二、小学数学课堂分层教学的特征

分层教学是将学生分成若干层次，再针对不同层次的学生采取不同的教学方法和策略。在尊重学生以及教育公平等观念的影响下，我国目前不存在以班级为单位的分层教学。因此，目前的分层教学更多地体现为一种思想，主要在同一班级内实施，一般具有学生分层的隐蔽性、目标分层的适切性、练习分层的针对性、指导分层的有效性、评价分层的激励性等重要特征。

（一）学生分层的隐蔽性特征

学生分层是实施分层教学的基础。学生分层指教师在充分了解学生的基础上，根据学生的知识、能力水平和潜力倾向，把同一个平行班内的学生科学、隐性地分成几个水平的群体，并在分层的基础上把学生组合成若干个均衡的学习小组，使每个小组都有高（A）、中（B）、低（C）三个层次的学生。C层次的学生是班级的待进生，按基本要求对其进行教学，要求掌握基础知识和基本技能；B层次的学生是班级的中等生，按略高于基本要求对其进行教学，要求掌握基础知识、基本技能，积累基本活动经验；A层次的学生是班级的优生，按较高于课标要求对其进行教学，要求掌握基础知识、基本技能，提炼基本活动经验，感悟基本数学思想。学生分层后，教师可按自愿组合与合理搭配的原则，将三个层次的学生分在不同的学习小组中。每个学习小组有4—6个人，1—2个A层学生，2个B层学生，1—2个C层学生。教师可让学生双向选择，先确定每组的组长，然后由组长和三个层次的学生自愿组合，教师再按互补原则，根据每个小组学生的性格特点、学习习惯等进行适当调整。学生分层不是一成不变的，而会随着学生的阶段学习情况的变化进行适当调整。学生分层由教师内部掌握，不对外公布，以保护学生的自尊心。

（二）目标分层的适切性特征

为了每一个学生的发展是学校教育的目标，也是课堂教学的目标。分层教学的目的是为了每个学生的发展，而且是为了每个学生更好、更快地发展。不同层次的学生由于知识、能力存在差异，因此在每节课能达到的教学目标是不一样的。分层教学目标要多元、有层次、有差异，既要让不同层次的学生都达到基本目标，也让中等生有提高性目标，优生有拓展性目标，促使不同层次学生获得不同程度的发展。教学就是寻找学生的学习起点——"从哪里来"，确定学习目标——"到哪里去"，运用适当的学习方法——"怎么去"，组织练习进行达标检测——"到了没有"的过程。目标是学生学习的目的地，是检测学习效果的主要依据。传统的课堂，教师没让学生了解学习目标，导致学生盲目学习。分层教学的课堂，教师针对不同层次学生的真实水平对学习目标进行细化、分层，让不同层次的学生都有适合的教学目标，让学生明确学习目标。学生通过努力达成自己的学习目标，体验到成功的乐趣。

（三）练习分层的针对性特征

练习是学习情况的诊断和反馈，练习分层是实施分层教学的重点，也是在检测分层目标的达成情况。教师要根据学生层次的划分把握好精讲的起点，处理好知识的衔接过程，减少教学的坡度。教学过程要遵循"学生为主体，教师为主导，训练为主线，能力为目标"的教学宗旨，练习题要体现不同层次的针对性，如A层注重拓展和开放，B层注重巩固和提升，C层注重基础知识和基本技能。不同层次的学生完成不同的练习，并可挑战高一层次的练习。练习主要包括当堂检测、课后作业、单元测试。

1. 当堂检测

当堂检测分成三个层次，即模拟性练习、基础性练习、拓展性练习，C层学生要正确完成模拟性练习，B层学生要正确完成模拟性练习和基础性练习，A层学生可选择拓展性练习。学生完成检测时，教师要到各组检查指导，及时发现学生存在的问题及缺漏，及时精讲，再次演练，并据此布置选择性课后作业。

2. 课后作业

课后作业要具有针对性，教师要给C层学生选择的建议，A层学生和B层学生可自己选择。A层学生如果课堂上完全掌握了知识和技能可免做课后作业。

3. 单元测试

在单元测试中，基础知识与技能的考查占80%，拓展题占10%，难题占10%。教师要允许学生随着知识与技能的积累逐步达到学段目标，因此对单元测试中暂时未达标的学生不能放弃。

（四）指导分层的有效性特征

指导是教师通过一些途径，采用合适的方式对学生进行方法的讲解、示范、训练，使学生掌握科学的解决问题的方法，并能自觉、主动应用于解决问题中。分层指导是实施分层教学的关键。教师在教学过程中要对不同层次学生进行有效、有针对性的指导，同时要充分利用班级优生的资源，巧借"兵教兵"，促进学生由低层次向高层次转化，使学生整体优化。教师可让A层学生检查和指导B层学生的学习情况，B层学生检查和指导C层学生的学习情况，而A层学生的学习情况由教师或其他组的A层学生检查。检查时除了看有没有完成，还要看正确与否，给予等级评价，并及时解决存在的问题，如果本身无法解决可求助其他组同学或教师。上课时，教师可让各组汇报检查情况及存在的主要问题，在此基础上进行二次备课，抓住学生自学中存在的主要问题进行精讲和二次演练。

（五）评价分层的激励性特征

评价是教学工作的导向，要改变学生的学习方式，最根本的是改变评价方式。分层教学的评价主体多元化，有师评、生评、自评；评价方式多样化，有书面测验、口头测验、观察评价；评价的内容全面化，有知识与技能、过程与方法、情感与态度；评价的对象有学生、学习小组。需要结合三维目标进行日常评价和期终评价，体现激励性原则。

对基础知识与基本技能的评价要制订"了解""理解""掌握""应用"这四个层次的评价要求，允许C层学生经过一定时间训练后达标。检测的形式有当堂检测、单元检测、期终检测。学生在学习活动中，知识与技能、情感与态度都体现在整个学习过程中。在评价学生的知识与技能时，教师还要注重对学习过程与方法进行整体评价，可采用师评、家长评、生评、自评相结合的方式，将定性与定量评价相结合。

除了对知识与技能形成的过程性评价，教师要对不同层次学生的课前预习、合作探究、小组交流、质疑反思、解决问题等制订分层评价指标，让更多学生达标。对学生的学习情感与态度的评价主要评价学习的主动性、积极性，以及在分层教学背景下合作学习的协作性：①主动性，主要指在小组合作学习中有没有服从组长的安排，有没有认真完成组长布置的任务，是否主动参与活动，在活动中流露出来的情感是否积极向上，小组交流展示时是否踊跃和主动；②积极性，主要指在学习中是否积极参与、思维活跃，发言是否积极，质疑与评价是否积极有价值；③协作性，主要指与其他同学是否团结协作，当同学需要帮助时是否能主动伸出援助之手，当同学表达受阻时是否能主动提醒，当同学操作失败时是否能主动引导鼓励。

实施分层教学对教师而言是一种挑战，教师需要精心备学生和备教案，对学生充分了解，对教学内容、教学目标准确把握，还要根据各层次的学情设计针对性的练习，组织个性化的教学指导。因此分层教学对教师提出了更高的要求。

三、小学数学课堂分层教学的实施

传统的课堂教学，教师只备一种教学方案上课，而分层教学是针对不同层次的学生进行教学的，需要预设多种教学方案。分层教学比传统的教学方法更有针对性，但实施起来更复杂。因此教师要优化课堂教学结构，合理安排教学时间和节奏，构建"五环"教学模式。

（一）新课导入，明确目标

新课开始，教师用1—2分钟创设学习情境，引入新课，随后指导各层学生阅读对应的学习目标，明确学习任务。

（二）问题导航，限时速学

学生按照教师提出的核心问题进行自主学习。学生自学时，教师巡视学情，及时发现问题，适当进行个别指导，重点是对C层学生的个别指导。学生根据核心问题认真思考，独立学习，初步完成学习内容，并标出自己不理解的地方；小组长完成学习任务后，督促本组成员学课本，并组织各层次学生回答问题。C层学生主要完成模拟性问题，由B层学生进行检查指导；B层学生主要完成基础性问题，由A层学生进行检查和指导。教师检查A层学生的学习情况，并了解各学习小组的学习情况。B层、C层学生遇到问题可请教A层学生，A层学生遇到问题可求助教师。这一环节，教师根据学习内容的量和难易程度限定时间（一般5—10分钟）。

（三）组织讨论，活动探究

经过小组讨论仍解决不了的问题，教师可组织全班讨论、展示、交流，共同解决。建构主义强调，学习活动的内在机理是互动，学习互动包括外部"个体—环境的互动"和内部"个体—自身的互动"，而且个体—环境的外部互动促成个体—自身的内部互动。组内交流由小组长负责、管理，但教师要规定汇报展示的顺序，包括发言的学生顺序和交流的内容顺序。一般而言，C层学生先回答最简单的问题，并由B层的学生评价和指导；接着，B层学生回答中等层次的问题，展示后请C层谈谈"听懂了的内容""还有哪些没听懂"，并由B层解释，A层补充及评价；最后，A层学生回答难度最大的问题，并向B层、C层学生讲解，由B层、C层学生谈谈"听懂了的内容""还有哪些困惑"。学生都展示后，A层学生负责汇总本组的学习收获及未解决的问题，安排好上台汇报的学生在小组内尝试汇报，并进行指导。全班交流也应讲究顺序，比较简单的问题可让C层学生先发表看法，有争议的问题大家畅所欲言，比较难的问题让A层学生先示范、讲解。在讲授新知识点时，多提问B层学生，利用其认识上的缺失，挖掘知识，揭示本质；在突破重点、难点时，提问A层学生，利用其独特的见解，启发其他学生，深化认知；在检测练习时，检查C层的完成情况，便于了解课堂教学效率，再引导学生及时补缺补漏，巩固知识，形成技能。

（四）问题解决，释疑解难

在问题解决，释疑解难环节，教师要精讲，对知识层层解析，剥茧抽丝，展现其形成过程。对重难点的突破，教师可以设计出由浅入深的问题链，在教学重点处、难点处，在学生思维受阻之处，在学生意见不统一处，在问题的答案不唯一处提出问题，启发学生的思维，拓宽学生的思路。如，教学"长方体的认识"时，C层学生可对照教学目标提出问题"长方体的棱、面、顶点的概念"，B层学生可在重难点处质疑"怎样数面、棱、顶点才不重复不遗漏"，A层学生可在意见不统一处质疑"长方体的面都是哪些形状的"。教师结合教学内容和学生发言进行指导，使学生顺利地发现并提出有价值的数学问题。

教师要留给全班学生质疑的机会，也要制订质疑的顺序和内容：一是组内质疑。学生在组内发言，要求小组长组织同组的同学对发言的科学性、正确性、严密性进行质疑，并尝试解决。全班展示时，除了展示本组的收获，还要展示组内成员如何质疑、大家如何释疑。二是组间质疑。学习小组展示时，教师要组织其他组学生评价、质疑。教师根据学生的疑问选择合理的处理方式：比较简单的问题，让学生马上解决；稍难的问题，教师引导学生解决；较难的问题，教师讲解或者课后学生探究。三是师生质疑。除了学生与学生之间互相质疑，教师可有意提出有错误或者不完整的意见让学生进行质疑，培养学生的质疑意识。四是自我反思。学生质疑的最终目的是提升反思能力。教师要引导学生反思解题方法、解题过程、计算结果，并养成检验的习惯。

（五）当堂练习，反馈矫正

教师在教学过程中要注意解题方法、解题技巧的教学和指导，提升学生运用所学知识解决实际问题的能力，促进知识迁移和升华。例题讲解要详略得当，解答要规范、有启发性；课堂练习要少而精，并具有层次性，并由学生在规定时间内当堂完成。教师讲解答案后要指出学生出现的共性错误，让他们进行内化。教师要在问题核心处揭示知识本质，在思维的关键处让学生搞清思维的发生与发展，并针对学生的共性问题进行必要的补充、完善、拓展、总结，努力实现"堂堂清"。

分层教学实施常见的最主要问题是，教师对分层教学的研究甚少，对学生学习方法的指导不够，导致学生的合作、交流、质疑能力不足。刚开始进行分层教学时，容易造成时间浪费，学习效率不高，教师容易操之过急，失去尝试的信心和恒心，导致分层教学研究终止。

四、小学数学课堂分层教学的常见变式

分层导学是分层教学的变式。分层导学以学案为依托，以教师的指导为策略，以自主学习、合作探究、展示交流为主要学习方式，充分发挥学生学习的主体作用，最大限度地发展学生潜力。分层导学借助学案让学生明确学习路径，通过活动让学生探究知识的奥秘，有效分层适应不同学习起点的学生，贴近他们的最近发展区。学案分层是实施分层导学的前提。教师要在透彻理解课标和教材的基础上，确定不同层次的教学目标，把握基本要求、较高要求，设计分层的学案。使用学案时，应把握好以下四个方面。

（一）课前发放，指导学生分层预习

导学案重在导，上课前一天或上课伊始，教师把学案发给学生进行自学，让不同层次学生完成不同预习任务。教师要对不同层次学生提出明确的自学要求，即自学什么内容、用多长时间、如何检测，还要教给学生自学的方法，如是独立围绕思考题看书、找答案还是边看书、边讨论、边解决疑难等。

（二）课堂导学，利用学生的差异

使用学案后的课堂教学调整最为关键，教师要尽量利用好学生的差异，使课堂效果达到最好。交流时，教师检查A层学生的学案，A层学生检查B层学生的学案，B层学生检查C层学生的学案，并针对存在的问题进行精讲，如果还有困惑再求助教师。教师对细节处理时要注意分层理念，如提问时要把基础性问题留给待进生、应用性问题留给中等生、拓展性问题留给学优生，让每个层次的学生都有事可做，都有被认同的感觉。

（三）课后总结与检测

学案要设计"当堂练习"栏目，对各层学生所学知识进行检测，并鼓

励B层和C层学生尽量向高一层次的练习挑战。

（四）检查批阅，分层辅导

当堂练习要做到"有发必收，有收必批"，只有这样才能深入了解学生的学习情况。教师应对每个学生的学案进行认真批阅，对学困生更应尽量面批面改，当面指导。

第三章

创新教学方式的
综合构建

第一节　微格教学

——提升教学质量

微格教学法也被称为"微观教学""微型教学""小型教学"，它以现代教育理论为基础，利用媒体信息技术，依据反馈原理和教学评价理论，通过对教学行为的记录和研究，分阶段培训教师教学技能活动。微格教学法实际上提供了一个练习环境，把综合复杂的课堂教学进行分解简化，变成一些教学片段，使受多种因素制约的教学能力培养变成有目标、可观察、可描述、可操作的教学技能训练，是对教师的教学技能进行反思的一个高效提升途径。

伴随着网络技术的快速发展，微格教学法发生了较为深刻的变化。董菲、赵耀龙在《基于自主学习的新型微格教学系统建构与实现》一文提出微格教学环境已经走向数字化和网络化，即依托网络环境，将计算机技术、网络技术、多媒体技术、视音频压缩技术、存储技术以及传输技术进行综合应用，构建出一个集音频录制、网络传播、远程监控与评价、信息化综合管理于一体的教学系统。引入了微课设计理念，以微型视频为主要载体，对某个知识点（如重点、难点、疑点、考点）或教学环节而设计开发的一种情境化，支持多种学习方式的新型网络视频课程。

数学微格教学可通过研究数学课程、教材和教法—确定培养技能—数学微格教学示范—编写教案—开展实践教学—重放录像、评价反思及优化进行操作，能快速提高教师的技能。微格教学法在小学数学的应用主要是辅助教学作用，可提高教师的语言、变化、强化、导入、讲解、提问、演示、结束等技能，为高效课堂构建提供有力的保障。

一、小学数学课堂微格教学的相关理论

微格教学法理论是在现代教学中利用先进的媒体信息技术，依据反馈原理和教学评价理论，结合现代教育理论不断地优化和完善的。

（一）反馈理论

"反馈教学"是运用"系统论""控制论""信息论"原理，通过精心设计教学结构，使受教育者在短时间内摄取最大而有效的信息，并实现信息的高速传递和交流的一种教学方式。课堂教学实际上是师生在教与学的过程中，相互之间的一种信息传播与信息反馈，是揭示教学活动中"师生"间相互作用的内部控制，这种信息反馈的速度、广度和效度于提高教学实效具有重要意义。

微格教学能使教师在教学过程中及时接受反馈信息，并进行有效调控，使模仿学生的被培训者处于最佳思维状态，提高教学实效，确保教学目标实现。例如，在进行教学提问时，扮演不同层次学生的教师会给出不一样的表达，有的表述不清，有的表达不完整等。授课教师要对不同层次的"扮演学生的回答"予以理解、判断、选择，肯定每种表达的同时导向问题的核心，有效调整教法，提高课堂效率。

（二）香农—施拉姆模式传播理论

传播理论为微格教学的原理及信息的有效传递提供了模型，并奠定了理论与实践基础。香农—施拉姆模式传播理论认为，教学过程实质上

就是一种信息传播的过程，亦是一种特殊的人际交流的过程，因此，它必须遵循传播学的规律——只有信息发出者与信息接收者的经验领域有重叠的共同经验部分，传播才能完成，当有效的传播过程发生后，新的信息通过大脑加工，就会转变为自己的知识或经验，从而丰富和扩展了经验领域，使原有的经验领域得到扩展。获得的信息越多，原有的经验领域被扩展的程度就越高，表明传播的效果就越好。因此，数学教师要意识到：课堂教学设计理论的一个重要方面是以传播理论为基础发展起来的。传播与教学传播的一个最主要的目标是扩展与加深生活和知识经验。这也正为微格教学提供了操作的方法，在知识传授的过程中，教师通过现代信息技术，把要提供的信息转变为被培训者的生活经验中熟悉的问题情境，并以图片、图像等形式进行传递。在收到信息后，被培训者会根据已有的生活经验，并结合新的问题情境在心理上、生理上产生反应，并作出回应。指导教师再根据反馈的情况重新设计或变换教学内容，提高教学效率。

（三）巴班斯基的教学过程最优化理论

巴班斯基把辩证的系统论观点作为教学论研究的方法论基础，以整体性观点、相互联系观点、动态观点、综合观点、最优化观点等指导教学论研究，提出了教学过程最优化理论。科学地指导教学，合理地组织教学，全面考虑课堂教学中的诸多要素，在自己创设的条件下，花最少的教学时间（一般8—10分钟），取得最大的教学效果，这也正反映微格教学的教学理念。授课教师在微格教学中有针对性地对每一类授课对象，就教学过程作出的一种目的明确的规划，然后有意识、有依据地选择一种最适合于整个教学过程的模式，组织教学，让培训的双方在最少的时间取得最佳效果，让培训过程在规定的时间内发挥最优作用。

二、小学数学课堂微格教学的特征

（一）教研方法科学合理

传统的教师教研方法主要是通过"言传身教"模式，使其他听课的教师理解教学、学习教学，但由于一节课时间很长，内容很多，使得听课教师很难把握教学的原理和原则。微格教学将日常复杂的课堂教学分解简化，创造出一种可操作、易重复、易观测的教学环境。听课教师在把握教学时不再仅靠心领神会，而是通过不断学习、实践、改进来进行。微格教学按照人类的行为形成的规律设计整个教学过程，其训练前提是人类行为的塑造和改进，是一个逐步实现或达到的过程。微格教学的时间比较短，一般在5—10分钟，能将一个教学环节的相关教学内容浓缩到特定的时间之内，在呈现教学内容的同时展示自己的教学理念与技能。

采用微格教研的方式，可以让教师的教研过程更加科学合理。相比传统教研形式，微格教研时，每个教师均可以展示锻炼，充分参与到教学实践中，提高参与教研活动的积极性。

（二）重复播放，抓住细节

微格研修借助现代教育技术设备、录像机、全场录音系统、视音频遥控系统、视音频切换机等，对教师试教过程中的某个环节、某句话进行重放，对培训教学技能的方式与内容起到完善、丰富作用，并突破传统教学模式"试教"活动的整体性与模糊性，引入实证分析等现代化教育教学方法，利用高科技化的教学资源使师范生教学技能的培养方式、内容更丰富。

（三）学生间的同侪学习

同侪指同辈的人、同类的人，同侪训练指同伴之间相互教学或相互训练，同侪训练活动是微格教研中的一个活动方式。微格教学是一个小型的模拟课堂，由一群教师组成的小组在一定的时间内进行展示某一个教学环节的教学实践。这种教学方法对教师来讲（特别是刚走上讲台的教师）十分有益，是对自己的教学技能进行反思的一个高效途径。对新手教师而言，在传统的教学教研过程中往往是被动地接受演示，实践锻炼的机会少，到了讲台上心理压力依旧较大。在微格教学过程中，因为具有相对封闭的试教环境，同时参与评价的人员很少，研训教师的心理负担和压力相对较小。理论学习与现场反复模拟，能帮助新手教师形成良好的心理状态。在授课结束后，指导教师及时组织受训者根据现场教学过程或者摄录视频进行评价，由试讲人进行自我分析，检查实践过程是否达到了自己设定的目标，是否掌握了培训的教学技能等。然后，指导教师和小组成员对其教学过程进行集体评议，找出不足之处，甚至有教师对其需要改进的问题进行示范，以提高受训者的教学技能。

三、小学数学课堂微格教学的实施

（一）理论学习过程

微格教学是在现代教育理论指导下对师范学生技能进行训练的实践活动。它是一种全新的教学活动，有特殊的理论基础。学习和掌握其理论，对成功地实践微格教学非常重要，因此在实施微格教学之前应学习微格教学、教学目标、教学技能、教学设计等相关的内容。有关微格教学的理论学习一般以班级乃至年级为单位，由教师专门讲授。讲授时的一项重要准备工作是将被培训者分成教学小组，每小组以5人左右为宜。为方便组织管理，每小组选出一名组长。具体的教学实践以小组为单位来开展。

（二）技能分析过程

微格教学最基本的做法就是将复杂的教学过程细分为若干单一的技能并逐项进行，每次可以教学两三项技能，以便容易掌握。在进行微格教学之前，教师首先向被培训者讲清楚本次教学技能的具体目标、要求以及该教学技能的类型、作用、功能、构成要素、典型事例运用的一般原则、使用方法及注意事项等。

（三）教案设计过程

微格教学与普通课堂教学的设计一样，要明确教学目的，安排教学过程，选择教学方法等。微格教学不但要规定教师的教学行为，而且要规定被培训者的学习行为，并关注训练技能的要素，具体为：①微格教案的设计是针对一个教学片段的设计，可以是一节课的一部分、一个定理、一个概念、一个例题等。②教案包含的教学目标有两个：一是应该完成课堂上自身的教学目标；二是被培训者通过技能运用完成要训练的教学技能目标。这两者互相联系，前者是手段，后者是目的。③微格教案的设计要便于教学技能的训练，使教学技能训练目标明确和突出，便于具体操作，容易评价。设计要说明教学过程中哪些行为是当前训练技能的要素，用教学技能模式规范教学过程设计，否则就失去了微格教学训练的意义。

微格教学设计给出的是微型课的框架，要付诸实施，特别要考虑到便于训练，还要把它落实为具体的教案。微格教案的内容应包括：①教学目标。目标表达要具体、确切，便于评价。②教师的教学行为。要按教学进程，写出讲授、提问、实验、举例等教师的活动内容。③应用的教学技能。在教学过程中教师的某些行为可以归入某类教学技能，在其对应处注明，对重点训练技能应注明其构成要素，便于检查教师教学技能的训练成果，这是训练教师对教学技能的识别、理解和应用能力的一项内容。④学生行为。教师要能估计到学生在回忆、观察、回答问题时的可能行为。对学生行为的预先估计是教师在教学中能及时采取应变措施的基础。⑤教学媒体。将需要用的教学媒体按顺序注明，以便使用。⑥时间分配。教学中预计教师行为、学生行为持续的时间。

（四）"教师"试教过程

微格教学只是片段教学，且其目的纯粹出于训练，因此它不在常态的班级中进行，"教师"及"学生"都是由接受微格教学的学生（被培训者）来扮演的。为了塑造尽可能逼真的课堂环境，教师要做好三个方面的事情：一是组成微型课堂。微型课堂一般由"教师"角色（小组的某一学生）、"学生"角色（小组的其他学生）、教学评价人员（小组的其他成员或指导教师）等组成。二是角色扮演。角色扮演是微格教学中的重要环节，是培养学生教学技能的具体教学实践过程，即学生自己走上讲台讲演，扮演"教师"。每位组员都必须有强烈的角色意识，投入到整个教学情境之中。"教师"试讲一节课的一部分，练习两三种技能，所用时间为15—20分钟。三是准确记录。在进行角色扮演时，一般用录像的方法对"教师"的行为和"学生"的行为进行全程录像记录，以便能及时准确地进行反馈。

（五）观摩录像过程

试教过程结束后，可稍事休息，接着就回放整节微格课的录像，全组成员包括执教"教师"本人一起观摩教学录像。"教师"通过观摩，力求对自己的教学表现有个全面的认识，尤其要注意观察自己的实际表现与原先设想的差异之处。听课者（"学生"）的第二次观摩，既可加深印象，又能关注一些被忽略的细节；而摄像角度与自己观察角度的不同（"学生"也会被摄入录像中），所提供的信息也会有所不同。

在观摩微格教学片段的过程中，指导教师应根据实际情况给予必要的提示与指导，还可以对学生需改进的问题进行示范，或再次观摩示范录像片，以利于学生进一步改进、提高。教师要注意培养学生勤于观察、善于观察的能力，吸收、消化他人的教学经验的能力。

（六）评价反馈过程

评价反馈是微格教学中最重要的一步。在教学结束后，组织者必须及时组织学生进行教学评价反馈：一是重放录像。通过观摩录像，小组的每个学生都对本节微格教学有更多认识，大家交流彼此的心得，对这次教学活动提出反馈意见。二是自我分析。先由试教"教师"进行自我分析，检查试教是否达到了自己所设定的目标，是否掌握了要学习的教学技能，指出有待改进的地方，也就是"自我反馈"。然后，指导教师和小组其他学生对其教学过程进行集体评议，找出不足之处。三是讨论评价。一般由试教"教师"本人先讲自己的教学设计基本思路以及观看录像后发现的得失，再由组员即学生角色、评价人员从各自的立场评价试教过程，给试教"教师"提出赞成性意见及改进性意见，最后由指导教师发表看法。如果大家认为没有达到学习目标，此项技能尚未过关，则需重新设计、实施新一轮微格教学，直至过关为止。

执教者必须反思，总结出经验教训，并写教学后记，在教学后记中既要找自己的得失，还要将指导教师及同组其他人反馈的意见归纳起来。这样多角度多层次的总结，能使参与者尤其是执教者更好地认识自己，强化技能。

（七）完善教案过程

微格教学的教案具有不同于一般教案的特点，它要详细说明教师的教学行为（即所应用的技能）和学生的学习行为（包括预想的反应）。评价反馈结束后，执教者根据同组其他学生评价反馈信息，并就"假使我来教，该如何应用此教学技能"，集思广益，酝酿应用该教学技能的最佳方案，编写完善教案，再次实践。

四、小学数学课堂微格教学的常见变式

微格教学法是利用现代化的教学技术等手段来培训师范生及在职教师的教学技能的系统方法，是一种以现代教育理论为依据的教学方法，是提高教师教学技能及教师专业发展的有效途径。随着教育教学的发展，

新的教育教学理念的出现，微格教学法在具体实施的过程中可以作如下一些变式。

（一）交互式的微格教学

交互式微格教学是在宏观的教学情境下，在多点自由切入的教学平台上，教师的教与学生的学围绕某一个问题或课题进行平等交流和自由互动的一种教学方法。交互式微格教学模式主要由教学准备、构建交互环境、教学创新三部分组成。教学准备包括知识、教育学、心理学等理论知识准备，微格教学设计等准备。当做好这些准备，进入微格教学训练环节时，学习者就处于一种完全交互环境中，直到学习行为结束。

知识不是通过教师传授得到，而是学习者在一定的情境即社会文化背景下，借助学习获取知识的过程及其他人（包括教师和学习伙伴）的帮助，利用必要的学习资料，通过意义建构的方式所获得的。在构建交互环境时，学习者要进行知识构建，重新整合自己的经验，建立新的节点，从而构成一个完整的学习网络。当前是"创造教育世纪"，创造性人才要通过创造教育来培养。因此，在微格教学训练时，我们必须注重教学创新的训练。真正优秀的教师能够结合具体的教学情境，发挥自己的创新精神，进行个性化教学。交互式微格教学打破了教学空间的传统束缚，向课堂以外的空间延伸，形成多角度、多层次、多方式、多主体的和谐互动，从而产生教学共振、提高教学效果。

（二）微课式的微格教学

微课与微格教学有着某种程度的相似，都体现了"微"，微课中的微教案、微反思、微课件等在微格教学中同样适用。微课式微格教学正是通过借鉴微课的教学理念，上课教师（或培训对象）把自身的教学视频上传到网络平台供其他教师学习，这就融入同行学习，大家共同参与反馈评价，把学习者作为重要的学习资源。

例如，进行"平行四边形面积"教学时，可以就"如何将平行四边形转化成长方形"这一知识点先确定教学目标，再进行微格教学设计，接着借助自带摄像机的笔记本、手机等其他媒介进行录制，再回放观看自己的教学视频，自行修改后，进行二次录制，最后投放到网络平台。这样，其他有需要的教师就可以通过电脑或手机随时在线上学习，线下直接实践并讨论，提高教学的实践效率和参与度，并且在"云计算数字网络技术"的支持下，在享用其他人资源的同时将自己的资源分享给其他教师。

不管是哪种教学模式，都要以微格教学法的核心"微"来展开，需要从多元化的角度，不断开发微格教学资源，不断探索研究，推动数学课程教学不断进步，提升教师的教研和反思能力，以适应当前的课堂教学要求。

第二节　无痕教学
——适应学生发展

无痕教育，是一种教学方式、一种教育思想和理念，更是一种教育哲学，追求在看似无意、无痕的教学情境和行为中，促进学生顺其自然地发展。无痕教育法，需要在深入研读课程标准和教材的基础上，准确把握学情，将需要落实的教育教学目标与学生的认知发展规律有效结合，营造自然而愉悦的学习氛围，设计情节和意境自然流畅的教学活动，以适切的教学方式方法，引导学生掌握知识、提升能力、发展素养。

一、小学数学课堂无痕教学的相关理论

（一）卢梭的自然主义教学理论

法国启蒙思想家、教育家、哲学家卢梭曾提出大名鼎鼎的自然教育理论，大力主张教育应顺从孩子的天性，让孩子享有充分的自由；主张教育应当回归自然、顺应自然；主张尽量为孩子提供最适合孩子综合素质全面发展的教学方法，让教育贴合儿童自身的水平及身心发展的差

异。在孩子上小学时，与其直接给他答案，不如潜移默化地指引他独立
解决问题，在此过程中寻找到真正的答案，即顺从儿童自然天性的"感
觉教育"。

这种教育如"随风潜入夜，润物细无声"，也可称之为无痕教育。无
痕教育的核心是顺从自然，回归天性，后天的教育只是对儿童加以引导，
而非粗暴地修剪枝叶。无痕教育主张优化师生关系，主张让孩子在快乐中
学习发展。

（二）杜威的民主主义教学理论

美国著名哲学家约翰·杜威在1916年发表的《民主主义与教育》中，
提出了他的民主主义理论，即结合主观唯心主义和辩证法思想论述教学内
容以及方法等相关问题。在分科教学的问题上他主张"儿童中心主义"，
即重点关注孩子自身的需求和兴趣爱好；主张儿童的主动作业；主张将教
育融入生活（教育即生活），将学校转变为儿童的社会（学校即社会）；
主张教育活动应当扎根于孩子的内心世界，而非强行灌注成年人设计好的
外部材料。

（三）老子的智慧思想理论

《史记》在《老子韩非列传》里讲到了《老子》一书的成书过程：
"老子修道德，其学以自隐无名为务。居周久之，见周之衰，乃遂去。至
关，关令尹喜曰：'子将隐矣，强为我著书。'于是老子乃著书上下篇，
言道德之意五千余言而去，莫知其所终。"《道德经》指出："无，名天
地之始；有，名万物之母。"换言之，无是天地形成的本始；有是创生万
物的根源。"故有无相生，难易相成，长短相形，高下相倾，音声相和，
前后相随。是以圣人处无为之事，行不言之教。"由此可见，最好的教育
是体合天道，顺应自然，崇尚无为。

老子哲学扩展了中国人思考的空间，改变了中国人思考问题的方法。
老子智慧不仅在哲学史上有着世界性地位，老子智慧对教育的影响也相当

深远。尽管《老子》一书通篇未提"教育"二字，但我们可以从中受到无穷启发。无痕教育因此也倡导：教师无为，才能无不为。

（四）洛扎诺夫的暗示教学理论

无痕教育法并非是无根之木，无源之水，支撑性理论和心理学依据是保加利亚心理学家洛扎诺夫的暗示教学理论。暗示教学理论指出：应当通过人为地创造学习动机，人为地激发个人心理潜力，从而让学生把学习当成享受，自发自觉地以完整个体的身份把无意识因素组织起来，提高教学效率。暗示教学三大原则是愉快且不紧张、暗示和暗示的相互作用、有意识和无意识学习相结合。暗示教学理论为传统教育开辟了一条全新的路径，相当程度上改变了普罗大众对教育的观念，即教育不再是折磨，而是发自内心的享受。

二、小学数学课堂无痕教学的特征

无痕教育法意在潜移默化中帮助学生以现有的认知经验构建认知体系，循序渐进地掌握、熟练运用技能，并以此汲取知识。无痕教育典型特征主要有以下四点：

（一）实现学习内容与生活经验的有效对接

现阶段小学数学教育的许多内容的背景都取材于现实生活，这表明普世观点认为数学课学习的内容应贴近孩子现实生活，引导孩子利用过往的常识和生活经验寻找数学教育和儿童生活的"交叉点"。一扫过往填鸭式教学在儿童心灵上留下的阴霾，拨云见日，为儿童的心田招来"新知"的朝阳，让学习如呼吸喝水一样自然，让孩子自动自觉摸索独属于自己的学习模式，总结自己的知识、问题解决、数学活动经验。

（二）实现学习方式与认知规律的自然适应

数学学科无法规避的抽象性和逻辑性往往将大众隔绝门外，也无法引起儿童的兴趣，毕竟儿童主要依靠声、形、色、感等元素来搭建自己的思维城堡，从传统观念来看，数学学科的特性违背了儿童的天性。面对这种现状，无痕教育法提倡教师不仅要从学科角度设计教学，更要从学生角度去想该教什么、该怎么教。适合儿童的教学方式往往是直观、生动形象的，可以刺激儿童的感官使其参与到学习中，很快激发儿童的学习兴趣；在此过程中还可以帮助儿童厘清获得数学知识的来龙去脉，理解数学的本质。

（三）实现学习过程与互动交流的高度融合

叶澜教授在《教师——精神上的长途跋涉者》一文中说"课堂应是向未知方向挺进的旅程，随时都有可能发现意外的通道和美丽的图景，而不是一切都必须遵循固定线路而没有激情的行程"。课堂是教师、学生、环境、教材等各种生态因子互动交往的场所，每一节课都是不可重复的激情与智慧综合生成的过程。在这个过程中，教师随时都有可能遇到各种始料未及的新问题，而这些问题会催生生命体智慧的碰撞与交流。课堂的最大魅力就在于无法真正预设，无法完全复制和倒回重来，因此充满了生命力，充满了无限可能。

小学阶段的数学学习应建立在不同儿童学习进度不同、实践与思考深度不同的基础上：教师的指点一定要基于学生的水平，因材施教，还要鼓励学生之间互相交流互帮互助，积极发挥师生、生生之间交流的作用。除此之外，还要定期鼓励孩子，让孩子及时获得学习带来的正反馈，进而增强自信心和战胜困难的决心，养成良好的学习习惯和坚韧的品质，最终全面提升数学学科素养。

（四）实现学习历程与素养提升的同步发展

《中国学生发展核心素养》整体框架的出现一定程度上说明一线教师已经达成了共识，培养学生学科素养亟待得到重视，刻不容缓。学生发展核心素养指学生在未来学习或步入职场所必备的品格和关键能力；站在数学教学角度看，数学核心素养指的是人在先天基础上将后天所学的数学思维、逻辑能力、观念及品质"内化于心，外显于行"的能力。

对于孩子来说，数学课堂的意义不仅在于获得知识，更重要的是形成独立的思维模式和伴随终身的数学核心素养。受无痕教育理论影响的小学课堂里教师不仅传授知识，还关注学生的思维发展历程，改造过往"以讲为主，小组交流沦为形式主义牺牲品"的现状，以学定教，拒绝填鸭式教学，真正开放课堂，让学生深入沉浸式学习，为孩子构建起数学乐园。除此之外，教师还要为学生留出充足的主动探究的空间和时间，鼓励学生在交流中成长，在分享中学习，在发现中提升，在求知中寻求快乐寻求积极的情感，进而为其思维模式的完善升级及一生的可持续发展打下坚实基础。

三、小学数学课堂无痕教学的实施

（一）数学教学内容的整体把握

无痕教育意在将学习内化为学生生活的一部分，实现从外界要求学生学习到学生不知不觉地主动学习的转变。要想实现无痕教育，教师就必须对教学内容深刻理解，并有整体层面的把握。例如，小学数学教材的每个知识点、单元、章节乃至每本教科书中都有隐藏的深刻联系。面对这种联系有经验的教师往往会自行构建知识体系，把数学教材中的知识点前连后延并搭建起新旧知识的实质性联系，将其传授给学生，从而达成让学生不知不觉地学习的目的。

只有教师整体把握了教学内容，才能了解学生学习和认知状态，进一步掌握学生的思维体验。实现这种无痕教学的前提是明确学生应该走向哪里，如何走向那里，从而主动地刺激学生产生对学习新知识的渴求。

（二）小学生学习心理的深度洞察

皮亚杰的心理发展阶段论将儿童从出生后到15岁，智力的发展划分为四个发展阶段，即感知运动阶段（0—2岁），前运算阶段（2—7岁），具体运算思维阶段（7—12岁），形式运算阶段（12—15岁）。其中，小学阶段儿童认知水平还处于具体运算思维阶段，特征是思维要基于具体事物，这种思维方式意味着小学生的感知力、记忆力、观察力都有很大提升空间，其学习爱好也不稳定。因此，要想让儿童顺利地吸纳抽象的数学知识，必须采取非常手段：例如搭建新旧知识的桥梁，将抽象的知识点具象化，顺应儿童的天性等。

无痕教育的关键在于对儿童的心理规律了如指掌，这样才能在教学过程中（尤其是新知理解阶段）让教学进度高度耦合儿童基点，更符合其认知发展，助力儿童形成"发现知识、了解所需技能、形成技能"的"学习产业链"，为未来的学习和工作打下坚实基础。

（三）学生学习过程的精心组织

学习数学不仅要求教师指导学生思维重建，还需要学生自身按照实际情况，主动进行意义建构，两者缺一不可。而对快速提高学生数学学习质量的方法中，无痕教育无疑起着极为关键的作用。严格意义上讲，无痕教育主要为"进""退"两者的相互融合，表现为教师对学生学习过程的细心指导和精心设计。学习过程中的"进"与"退"都必不可少，他们虽为反义词，但两者在学习过程中并不冲突，必要的"进"与适时的"退"都是为了学生能够掌握学习知识和技巧，帮助学生提高自身技能。"进"是提升，是发展，"退"是基础，是准备。在学习过程中，两者的结合能够使课堂富有节奏，从容无痕。

1. 小学数学教学"退"的策略

小学数学教学"退"的策略主要表现在以下三方面。

（1）学生的生活经验。数学虽然是抽象的，但也来源于实际生活。

基于这一特点，人们针对数学教育提出了新的教学原则，即数学现实。这一原则体现了现实生活是数学的来源和根本，使教师能够在教学活动中充分利用现实生活中的现象引入新知识、新思想，理论联系实际，数学教学也充满了生活气息。因此，小学数学教学退到学生的生活经验能够依据学生实际，刺激学生投入到新的知识学习过程中，充分调动学生的学习积极性和主动性，让学生感受到数学与生活同在，成为自主的"思想家"。

（2）学生的已有旧知。数学知识不能够凭空获得，他们都是基于已有的知识基础推进、更新的。数学知识的学习也是这样。在小学数学教学过程中，教师可以根据学生的旧知引进新知，即将学生自身已有的学习基础与新知识进行联系和比较，在复习旧知识的同时潜移默化地获得新知识，这种策略在教育心理学层面称为类比迁移。在具体教学过程中，教师应在课堂开始阶段学习旧有知识，牢固学生的认知结构，并以此激发旧知和新知的连接点，加强学生对新课程的接受能力和理解能力，为新知的学习做好铺垫。

（3）学生的思维起点。数学知识的学习不仅能够提高学生的生活技能，还能够帮助提高学生的思维能力，因此，数学教学也被称为数学思维活动的教学。在小学数学教学课堂中，教师应体现由形象思维向抽象思维逐步过渡的过程，根据学生自身的实际情况确定合适的思维发展起始点，并依此制定合适的思维方式。例如，对于低年级学生来讲，数学知识的学习可以增加一些实际操作过程，进而培养学生的动作性思维，而针对高年级，教师应该注重培养学生的概括能力和归纳能力，培养学生的抽象性思维。

2. 小学数学教学"进"的策略

在小学数学的教学过程中，"进"的教学方式体现在学生的认知结构、思维深处以及实际应用三个层面。

（1）学生的认知结构。数学知识的学习本就是一个认知结构形成过程，在数学教学活动中，教师应积极引导学生重构自身认知结构，发散自己的思维，以达到自身全面健康发展。具有结构框架的知识是稳定的，因此，帮助学生组建数学认知结构则成为教师的必修课程。具体而言，认知结构的形成需要一定思维方式和思维方法来支撑，因此小学数学教师应在课堂中强调学习知识的思维模式和方法，提升学生推理能力、概括能力和分析能力。

（2）学生的思维深处。数学知识学习是一个锻炼学生思维能力的过程，帮助学生培养思维能力，建构适合学生的智能知识结构，从而获得良好的教学质量。从这一方面来讲，小学数学教师应该充分利用教学资源，并根据学生的实际情况，制订良好的教学计划，提高学生学习的主动性和积极性，学会把握课程中难点和创新点，切实提升学生的思考能力、发现能力、创造能力和探究能力，从而获得良好的教学质量。由此看来，教师在学生思维能力的培养方面具有极为重要的作用。通过教师的适当指导，学生可以形成创新求异的思维模式，发现新观点，提出新见解，促使学生思维向纵深发展。

（3）学生的实际应用。数学知识来源于实际，也应用于实际，这样才可以帮助学生在学习过程中切身体会到数学知识带来的价值与意义。因此，在实际教学过程中，教师应该突出数学知识在现实生活中的应用，弱化一些知识概念方面的学习，实现由"机械演练"向"生活应用"的转变，使得学生利用数学思维方式去发现、分析实际生活中的问题，改变自身固有的思维意识。

由此看来，教学过程中的"进"与"退"，不仅仅是涉及数学知识的积累过程，更是帮助学生培养和提高思维能力的过程。在数学教学过程中，学生能够依据教师的指导逐步领会到思维能力在现实生活中的重要性，并在此过程中强化应用数学的意识。因此，从这方面看，数学教师把握"进"与"退"之间的度就极为重要。

（四）课堂教学艺术的不懈追求

教学课堂不仅是教师提升修养、充分发展的地方，也是学生学习知识、培养能力的天空。基于无痕教育原则，小学数学课堂更能够帮助学生接受教师指导，提高自身思维能力和学习积极性，让学生的学习活动充满生机和活力，从而获得充分有效的学习结果。

数学无痕教育可以帮助学生在潜移默化中把握数学知识，发展思维能力，形成数学思想，可以说是一种极具智慧和理想的教育模式。另外，这种基于无痕教育的数学教育体系还充分利用了哲学、美学和心理学等学科的内涵基础，体现了别具一格的教学方式和课堂特色，从而为未来新的教学理念的提出提供理论指导和实践价值。

四、小学数学课堂无痕教学的常见变式

（一）暗示教学

暗示教学是小学数学课堂无痕教学变式中的一种，通过暗示引导帮助学生形成一定的心理倾向，激发学生自主学习的心理潜力，从而提升学生的学习主动性和积极性，快速提高解决能力和想象能力，实现个人的全面健康发展。暗示教学内容主要分为以下三个层面：

1. 由环境暗示到不知不觉中开始

无痕教育理念本质在于"潜移默化"，学生在淡墨无痕的情况下进行的学习成果，远比教师主动的机械灌入有成效得多，而这也在暗示教学过程中得以体现。暗示教学要求环境和个人两者的有机结合，当外界环境发生变化时，人们可以从自发接收到改变进而做出回应，继而实现人与环境的交流。

2. 由活动暗示到潜移默化中理解

暗示教学也包括活动暗示，这种暗示行为具有一定计划性和目的性。

在教学活动中，教师可以根据自己的意图和教学计划组织多种适用于学生的教学活动，促使学生在其中形成无意识的心理倾向，获得有效教学结果。这是由于在教学活动中，学生的心理状态常常是最放松的，能够充分表现出个体的行为习惯、心理活动、性格特点，此时再加以合适的暗示，便可以大大提升学生学习的自主性和积极性，实现能力、态度与兴趣的有机融合。当然，这一过程的实现要求一定教学活动经验积累，适合学生的教学活动可以加快学生学习数学知识的进度，提升个人数学素养。因此，教师应在合适的时机适当增加学生参加教学活动的机会，使其在不同形式、内容的教学活动中能够提高合作交流能力和自主实践能力。小学生的记忆力和感知力尚处在未成熟阶段，兴趣特点和学习动机仍需要充分发展，因此，活动暗示方式中直观形象的教学特点便更能在其中发挥作用。

3. 由语言暗示到循序渐进中掌握

在数学教学活动中，灵活生动和传声传情的语言表达也必不可少。语言暗示方式主要用于培养学生的含蓄性和启发性思维。因其不确定和不指向的表现特点，帮助学生在各式各样的情境变化中形成灵活变通的思维模式，提高学生独立思考能力和自主学习能力。基于语言暗示的小学数学教学理念，学生能够在淡墨无痕中逐步掌握新知，达到"言有尽意无穷"的学习境地，大幅提升学生思考能力。

由此看来，基于无痕教育的小学数学教学方式意在培养学生的积极主动性，让学生在教师的引导下潜移默化地理解知识，获得知识，并形成数学的思考能力。暗示教学理论的本质是强调学生学习氛围的自由和轻松，使其实现潜意识和有意识两者的有机结合，提高学生解决问题能力、想象能力和辩证思维能力，从而实现心理潜力、生理潜力的双向发展。

（二）情境教学

对于情境教学来讲，它是一种利用典型情境，创设生动形象建立起的创新教学模式，教师通过实现情绪活动、认知活动的有机结合，激发学生的学习自主性，因此与无痕教学理念紧密相关。情境教学模式主要体现在以下三个方面。

1. 有效的生活情境

任何知识的学习最终都要应用于现实生活，生活既是学习的基础，也是学习的延续。在教学活动中结合有效的生活情境不仅可以帮助学生更容易理解新知，还能促进理论知识向现实应用的转化，在熟悉的情境教学模式中，学生可以依靠旧有的知识自然而然学习到新的课程，自觉熟练地应用于生活难题的解决。无痕教学模式强调教师对于生活现象、生活情境以及生活资源的开发度，通过进一步的提炼、改造和研发，实现理论知识和生活实际的结合，促进数学新课程顺利展开。

2. 精妙的问题情境

小学生数学学习过程主要由各个问题的提出和解决组成，精妙的问题情境不仅可以帮助学生积累数学活动经验、问题解决经验及实际生活经验，还能够促进学生形成一定知识结构框架。无痕教育模式意在培养学生的自主思维能力，学生可以在教师设定的问题情境中自主学习，从而帮助学生积累一定的数学活动经验和生活经验，促进个人充分全面发展。

3. 适当的虚拟情境

随着时代的不断进步，知识付费方式、在线教育方式以及人工智能方式等逐步涌入了人们视野，这将彻底改变人们的生活方式和学习方式。小学生的思维方式主要是点状、发散的形式，在后续的成长过程和学习过程中，这种形式则逐步演变成网状、系统的形式。通过给予适当的虚拟情境，结合线上线下的互动模式，学生可以主动投入相应的情感，产生问题，解决问题，形成思想。因此，虚拟情境的教学模式实现了数学和图形的有机结合，通过采用多媒体辅助手段，数学课程具有了一定文化底蕴，而学生也在数学知识的学习过程中传播了数学思想。

综上所述，适当的情境创建使学生更加容易掌握数学知识，培养自己创新能力和批判思维能力，实现数学与生活的有机结合，从而更好地应用于现实生活中。

第三节　翻转教学

——整合教育资源

翻转教学法是基于翻转课堂的教学法的简称，通过翻转传统课堂的教学结构，把"教师在教室上课，学生回家做作业"的教学结构翻转过来，构建学生在课堂上完成知识吸收与掌握的内化过程、在课堂外完成知识学习的新型课堂教学结构。这样就不需要教师在全班同学面前再次讲授，实现课堂知识传授的课下视频学习自主化和课堂知识吸收内化的课上互动探究化。翻转课堂致力于整合教育资源、转变教学方式、提高教学效率。

一、小学数学课堂翻转教学的相关理论

（一）掌握学习理论

在小学数学教学过程中实施翻转课堂教学最大的好处是学生可以自主掌控学习进度，在上课之前，学生可以通过观看教学视频的方式自主安排学习，而且课前观看视频是在课堂之外进行的，学习氛围会相对轻松。与此同时，学生还可以自主掌控观看视频的速度，学会的地方可以快进，学习遇到困难的地方可以反复观看，如果遇到自主学习解决不了的问题可以

记录下来，并利用聊天软件和同学们探讨问题或向老师求助。

翻转课堂教学能够实施遵循的理论是掌握学习理论。掌握学习理论遵循的指导思想是让所有学生都能够将学习学好，在学生学习过程中给予学生额外的学习时间，然后为学生提供针对性的学习服务，让大多数的学生能够达到课程规定的知识掌握水平。掌握学习理论指出如果学生有充足时间学习，与此同时，教师还能辅助性地教学，那么几乎全部学生都可以掌握学习内容。纵然学生之间存在学习能力的差异，但是能力差异不会直接影响到学习结果的优劣，能力差异影响学生达到学习标准所需要使用的时间。换句话说，学生在学习某一教学内容时，使用的学习时间有差异，如果学生学习能力水平较高，那么学生掌握知识所用的时间就较短；反之，如果学生学习能力水平较低，那么学生掌握知识所用的时间就较长。在使用翻转课堂教学模式开展教学时，不仅仅在理论上依照了掌握学习理论，在实践中教学的开展也受到了掌握学习理论的指导。翻转课堂教学模式给予学生更多选择权，注重让学生自我掌控学习进度与方式。

（二）交流互动的理论

翻转课堂教学模式当中强调交流互动，交流和互动是人类进行沟通的基本方式，在课堂上进行交流，不同的主体之间会产生相互作用，比如说老师和学生之间的交流互动，学生和学生之间的交流互动，彼此之间的互动产生的相互作用促进了学生发展。在交流和互动当中，学生获得了知识与经验，学生还掌握了一定学习方式、学习方法，可以说交流和互动在助益学生成长以及学生发展方面有非常重要的意义。在交流的过程中，学生们共享了自己的信息，加深了对知识的认知，获得了更深刻的学习体验。

翻转课堂教学模式要求学生在步入课堂前学习视频中的知识，在课堂当中的学习主要是教师学生之间的交流互动，交流互动是深入的，不是停留在教师教学和学生学习的简单层面，而是教师和学生进行的深入交流，这种交流使教师和学生成为了学习共同体，在学习共同体当中，无论是教师还是学生都是学习的主体，而且通过交流与互动，教师和学生、学生和学生之间有了更深层次的合作，为课堂的深入学习提供了基础。

（三）自组织学习理论

翻转课堂教学模式的实施需要明确学生的学习不能全部依赖教师指导，学生需要借助电脑技术以及网络的便利开展自我学习以及学生之间的互助学习，也就是说，翻转课堂教学模式能够实施需要遵循一个前提，那就是自组织学习理论。

"墙中洞"是一项非常知名的教育实验，实验最终得到的结果就是自组织学习理论，在互联网技术逐渐成熟、网络逐渐普及的情况下，教育也一定更加开放，资源的开放使人类的学习会由其他人组织的模式向自我组织的模式转变。人类未来主要依赖的学习方式会是自主学习方式，而翻转课堂模式正是依赖技术和网络而发展起来的一种自组织学习方式。在课堂教学前，学生可以学习教学视频当中的知识，学生还可以组建小组，开展小组讨论式学习，这种方式实现了学生的个性化学习、自主学习，在交流与互动的过程当中，学生获得了知识，积累了经验，发展了思维，提高了创造能力。

二、小学数学课堂翻转教学的特征

翻转课堂实质上是一种教学形态的翻转。教学形态是基于不同的教学理念、教学方式和学习方式而产生的教学表现形式，主要包括教学主体、教学资源、教学载体和教学过程四个方面。

（一）教学主体动态多元的特征

教学主体具有动态性，主要表现在以下几点。

（1）教学主体角色的动态变化。教学主体的角色在随着教学时空、场域的变化而不断动态发展与适度调整，如翻转课堂使教师从传统课堂中的知识传授者变成了学习的促进者和指导者。

（2）教学主体功能价值的动态变化。翻转课堂凭借信息技术平台，更有利于各教学主体的功能与价值的发挥，使这种功能与价值处在不断发展的变化之中。

（3）教学主体行为方式的动态变化。就教师而言，录制教学视频和传统课堂教学中的行为方式具有明显不同；就学生而言，课前学习的方式和传统课堂的上课也有显著差异。教学主体具有多元化，在翻转课堂中，教学的主体不仅仅有教师和学生，还有家长、学校、社会等，翻转课堂成为多极主体的课堂。

一方面，翻转课堂让学生课前进行自主学习，"教"的主体由教师转向家长、学校、社会等，"学"的主体也不仅仅有学生，更是多主体的"学"；另一方面，翻转课堂的课中互动交流、合作探究，为多主体参与的实现提供了时间和可能。

（二）教学资源全面共享的特征

教育资源有明显的全面性。当前教育资源数量庞大，质量也在逐渐优化，而且是动态、可持续的。存在的大量的资源为师生课程设计、课程学习提供了支持。例如，在互联网上有非常多的学科资源，并且是各种各样形式的学科资源，比如，图片形式、论文形式、视频形式的等。除此之外，教师会根据学生学习的特点以及学生学习的个性需求，为学生挑选适合他们的优质资源。教学资源在被利用的过程当中不断组合、更新，这使得教育资源的发展是动态的，是可持续的。除了全面性外，教学资源还表现出了明显的共享性。在翻转课堂教学模式当中，资源就是共用的。在上课之前，教师会将和本节课有关的教学资源分享给学生，这一过程就是知识的共享；在课堂中，师生可以根据教学资源交流，这也体现了知识的共享性，而且在这一过程中，学生对知识的理解更加深入。与此同时，教学资源的共享非常便利，教师可以通过视频的方式将资源分享给学生，学生可以利用网络和技术简单操作，从而快速地获取到学习需要使用的资源。

（三）教学载体立体高效的特征

翻转课堂模式使用的教学载体具有高效性。翻转课堂模式的应用充分地借助了网络以及技术的便利，利用微视频学习的方式打破了以往时间和空间方面的制约，教学效率有了明显的提高，翻转课堂除了能为学生提供丰富的教学信息资源之外，技术的应用使得信息的传递更加方便、快速，学生在观看视频之后，可以利用网络及时互动交流，探讨问题可以在交流互动中加深对知识的理解。可以说，在翻转课堂模式中，教学载体的改革和创新提高了翻转课堂的教学效率，而且教学当中使用的视频、音乐、图片让教学更加立体，明显提高了学生的兴趣，教学变成可视化，教学载体能够变得更加立体依托的是当代的信息技术。学习者可以充分利用网络当中的教学资源教学，不再受到时间及空间的限制。

（四）课堂教学灵活可控的特征

翻转课堂教学体现出了非常明显的灵活性。无论是教还是学都具有明显的时间灵活性，对于教师的教来讲，教学除了课堂外，还可以在课前、课后；学生的学具有的灵活性体现在学生可以自由把控学习时间，自由安排学习时间。除了灵活性之外，翻转课堂教学还体现出明显的可控性，知识传授依托的是教学视频，这使学生能够控制学习时间、学习进度，学生可以根据自身学习能力掌控学习时间、学习进度。如果学生可以利用纸质资料完全地掌握学习内容，那么学生可以不用观看视频，但是如果遇到了学习难点，学生可以反复地观看视频的某个片段，如果还存在疑问，学生可以在课堂中和同学讨论，或和老师交流，这些都明显地体现了翻转课堂教学的可控性。

（五）新课教学搬到课外的特征

在上课之前教师要根据导学提纲的内容为学生们录制微课视频，与此同时，学生也需要在上课前，根据老师给出的自学教材进行学习，学习的同时，还可以搭配教师录制的微课视频学习。如果遇到了学习难点，学生可以反复观看微课视频，也可以根据视频内容与同学交流和讨论。除此之外，学生也可以将自己在微课视频中学习到的知识、没有理解的问题上传到聊天群或者是留言板中，与老师和同学们充分互动交流，分享自己的收获，解答学习当中的疑问。

（六）将独立作业移到课堂的特征

在课堂开始前，学生已经学习完了新课的内容，在真正的课堂上，学生可以利用课堂时间开展实践活动，完成课堂作业。在这个过程中，学生可以和老师、和同学一起探讨、解决问题。在这一过程中，教师可以为学生提供个性化的学习服务，如果学生对知识的接受速度较慢，可以反复观看，这就相当于教师给学生反复讲了新的知识。课堂作业的完成需要注意的是，教师要关注学生完成作业的顺利程度、正确程度，然后对学生进行针对性辅导教学，以此来保证真正地掌握了知识。

（七）落实分层分类教学的特征

学生在进行课前学习时，需要根据自身的情况学习自学教材、观看微课视频，如果学生发现自己很容易掌握新知识，那么可以少看，如果发现自己很难掌握新知识，那么应该反复多次地观看。除此之外，学生还可以利用网络的便利和其他同学交流互动，优秀生可以在交流互动中为其他同学提供帮助，与此同时，优秀生也是在巩固自己学习的知识。这个过程中，教师要注意引导学生自主思考问题，形成清晰的解决问题的思路。除此之外，教师还要关注学困生，为学困生的学习进行个性化的点拨和指导，解决学困生的学习困难，保证所有的学生都可以掌握新知识。

（八）促进教育均衡发展的特征

在教学当中，使用翻转教学模式能够实现教育的公平公正发展，之所以这样说，是因为教育资源是数字化的，它能够在更大范围内传播，比如相对偏远的山村或海岛，也可以在设备齐全的情况下获取到所有教育资源。这种方式让所有的学生都享受到了优质资源，实现了教育的公平与均衡，偏远地区的学生使用优质的教育资源有利于偏远地区发展。从教师的角度来讲，教师除了根据安排、制作教学视频外，还需要对学生进行个性化学习指导，分析学生在学习方面的各项需求。从学生的角度来讲，学习不仅仅是观看视频那么简单，还要在学习的过程中找到自己的困惑，并在互动与讨论交流中解决困惑，构建自己的知识体系，这个过程要求学生自主进行。教学课堂所做的创新和变革是为了实现学生的全面发展及学生的自主发展，传统课堂的教学模式一直无法打破时间以及空间上的限制，这导致教育均衡的实现遇到了很多困难，教育专家们也一直寻求解决教育不均衡困境的方法，翻转课堂教学模式的出现有助于从根本上解决教育不均衡问题，因为翻转课堂教学模式，没有时间和空间的限制，学生学习视频是自由的。在学习过程中，学生可以自由掌控学习进度，自主选择学习资源，这在一定程度上加速了学生的自主成长。

三、小学数学课堂翻转教学的实施

翻转教学模式主要有三个阶段：首先，信息传递阶段。这一阶段主要发生在上课之前，由教师负责为学生提供视频，提供导学提纲教材，学生自主观看学习。其次，吸收内化阶段。这一阶段主要发生在课堂中，学生之间或者是师生之间可以通过合作交流分析、解决问题，教师在这一阶段需要进行适当的引导和提示，帮助学生真正地吸收知识。最后，拓展延伸阶段。这一阶段主要是在原有知识上进行一定延伸性练习，帮助学生运用知识。

（一）信息传递阶段

1. 课前设计导学提纲

教师应该在课程开始前详细分析教材，并且结合学生的特点制定出符合学生需求的导学提纲，然后在重点和难点的地方引导学生的学习，以此来培养学生自主学习的能力。

2. 课前制作教学视频

在课前学习新知识时主要使用教师分享的教学视频，教学视频既可以是网络上的优秀教师分享的视频，也可以是任课教师自己录制的视频，教师也可以修改重组网上的优质资源，以使视频符合自己的需求，这在一定程度上也提高了视频的利用率。教师制作视频需要遵照的一点是视频和教学目标之间应该吻合，也要符合学生的实际需求，能够引领学生自主学习知识；除此之外，视频的制作还需要考虑到时间长度视觉效果，一般情况下时间控制在8分钟到10分钟最好，视觉效果应该相对丰富。

3. 课前设计相应的练习

学生在学习教学视频后对新知识有了一定掌握和理解，教师可以辅助相应的练习，让学生巩固新知识、运用新知识，教师应该在练习当中针对性地训练教学难点，让学生进行自主的尝试去解决问题、巩固知识。

（二）吸引内化阶段

学生在课前先观看8—10分钟的微课视频后，教师在课堂上通过小组合作学习、集中汇报、互相释疑等途径解决学生自学时所遇到的问题与困惑，具体需要注意以下环节：

1. 小组交流，梳理汇总

在课前自主学习的基础上，组织学生开展小组合作学习，主要任务为：①检查自主学习的情况；②交流观看微课的收获；③提出并梳理汇总小组成员在自主学习中遇到的问题与困惑；④整理小组成员完成导学提纲好的做法。教师也可以组织学生交流学习心得，培养学生团结互助的合作学习能力，能在小组内解决的问题尽量让学生在小组内解决，小组内解决不了的问题要求小组罗列出来，以便在大组中进行探讨解决。

2. 将问题集中进行汇报

在小组讨论过程中，小组成员应该将问题汇总，然后教师应引导学生将目光聚集在大部分同学都感觉到理解困难的问题上，然后引导小组内同学讨论和交流，遇到交流困难时，教师也可以进行一定的点拨，帮助小组顺利完成讨论任务。

3. 针对问题进行拓展训练

学生在聚焦问题讨论后，对知识的理解更加深入，认识更加全面。这时，教师需要针对学生的知识掌握情况进行相应练习或实践，以此来帮助学生真正地消化知识，形成解决问题的能力。

4. 对知识进行全面的整理和总结

课堂应该注重总结的作用，应该让学生分享本节课知识学习的收获，让学生建立新知识和旧知识之间的联系，以此来建立自己的知识体系。

（三）拓展延伸阶段

在解决完学生的疑难问题之后，教学任务基本完成，但是在课程结束之后，教师还要为学生提供相应的扩展练习，扩展练习能够激发学生的思维，让学生积极思考深入探究。

因此，在翻转教学模式中，课堂教学过程主要经历了课前、课中以及课后三个变化阶段。在上课之前，教师要分析教材，结合教材确立教学目标，然后制作相应的视频，引导学生课前自主学习；在课堂中，教师要以小组为单位让学生充分交流，分析问题、解决问题，实现能力的提升及知识的扩展，除此之外，还要辅助相应的巩固练习；在课堂结束后，教师应该提出拓展性的问题或者是结果更开放的问题，以此激发学生的思维发散。

四、小学数学课堂翻转教学的常见变式

翻转教学模式的核心是改变了知识传授和内化的安排顺序，让学生在上课之前学习新知识，然后在课堂中深入地讨论知识，解决问题。翻转教学方法可以使用的模式，主要有两个：一个是"两个平台"，一个是"多个交互"。

"两个平台"是上课之前的网络交流平台及上课过程当中的对话平台，这两个平台能够让学生线上交流，也能够让学生巩固新学的知识。

"多个交互"是上课前，学生和网络之间、学生和学生之间、学生和教师之间以及上课过程中学生和学生之间、学生和老师之间的交互过程。在教学过程当中，教学主线是知识，在上课之前教师应该根据教学目标、教材内容为学生设置导学提纲、导学教材，然后针对学生学习中的问题有针对性地解决问题，并延伸问题，让学生进行更加深入的思考，然后辅助练习，完成教学任务。在翻转课堂教学模式中，教师是教学的主导者以及教学的策划者，教师要负责组织活动，要负责引导学生，还要负责点评学生的学习过程，鼓励学生。在这个过程当中，学生一直是学习主体，学生要自主观看视频，自主提出问题，自主进行练习，还要在课堂当中自主交流互动，分析解决问题。

翻转课堂教学模式真正地将学习主体地位还给了学生，它的出现不仅为教育改革带来了活力，它还引发了人们对教育的又一轮思考。翻转课堂教学模式在实践当中的真正应用还需要教育工作者们的努力，还需要不断地完善和优化。

第四节　情景创设教学

——寓教于乐

一、小学数学课堂的情境化问题导入

在每一个教学板块开始之前都需要带领学生对这一数学知识进行一个初步的了解，来调动学生对这一知识的兴趣和学习的积极性。因此需要采用一定的问题和情境来引入我们的数学课堂，让学生能够迅速集中课堂注意力。对此教师不能够仅仅局限于对课本上的例子来进行提问和阐述，而应该从生活中去找到更多与学生生活联系紧密的情境来对学生提出问题，引发学生的好奇心，从而调动学生对学习该知识的积极性。

我们应该找到更多的生活化情境后要让学生能够有自己初步的思考，然后我们再通过进一步的学习来引导学生解决这一问题，从而增加学生的学习成就感。例如，在进行负数这一版块的教学课堂时，学生对于负数这一概念都比较生疏，在生活中也很少接触。这时应该通过一定的生活化情境事例来消除学生对这一知识的恐惧感和畏难心理。可以通过提问来调动学生进行积极的思考，例如，在计算高度时总是以海平面为基准，海平面就是我们的零米，我们该如何表达海底的深度，这时就需要用到负数，例

如海底200米，就需要用−200米来表达。通过这样的生活化情境，同学们对负数有了更加形象的了解，也拉近了与这一概念的关系，对负数产生了更加强烈的学习欲望。

二、小学数学课堂的生活化情境模拟

仅仅通过生活中情境的例子来调动学生的积极性是不够的。学生在一节数学课堂中无法全程保持专注，而且过于低沉的学习氛围也会让学生产生抵触心理，因此可以在数学课堂当中加入一些教师与学生之间的互动，或者组织学生进行课堂小游戏，或者模拟数学小实验，或者是对数学问题进行情境化演绎，来帮助学生在玩游戏的同时理解数学知识，探究数学问题，这样的方法能够更加调动学生的学习积极性。

三、小学数学课堂的生活化观察思考

数学课堂只是学生学习的一个部分，要让学生真正产生对数学问题的生活化思考，还需要引导学生真正地在平时的日常生活中，观察数学问题，积极地思考数学问题，教师在教学过程中要积极地引导学生，深入到生活中去发现和探讨数学问题。

例如，在学习面积的相关知识时，可以引导学生要关注生活中常见事物的面积大小，拿着尺子经常去量和比较。在学习时间的相关内容时，教师可以要求学生在日常生活中多看教室的时钟，经常地辨认时钟上指示的时间。平时同学之间也可以比一比谁先认出时钟上所指示的时间。这样通过生活中的数学学习能够巩固数学知识，让数学的学习深入到生活中。

第四章

实践教学方式的多维探究

第一节 尝试教学

——调动学生积极性

尝试教学法研究缘起于20世纪60年代，在20世纪80年代正式提出，并不断发展完善，其核心思想是打破传统教师授课模式，改变教师一味灌输、学生被动接受的教学方式，提出"先练后讲，先学后教"，提倡"先让学生试一试"的教育理念。作为尝试教学法的核心，"相信学生，让学生主动学习""先让学生试一试""学生能尝试、尝试能成功、成功能创新"等教育思想在国内外有着充足的理论基础。

一、小学数学课堂的尝试教学的溯源

从时间节点上看，尝试教学的提出主要经历了以下四个阶段。

（一）雏形探索阶段

主要指1980年以前。在充分学习中外教育思想理论的基础上，在小学数学课堂教学一线中，通过试验"先让学生自学课本，看懂例题并尝试解决课后练习，在学生做题过程中发现学生的困惑和难点，最后教师再有针对性地进行讲解"的教学模式，探索尝试教学法的雏形。

（二）正式提出阶段

主要指1980年至1990年，这是尝试教学法正式提出和广泛运用的阶段。在此阶段，邱学华在《福建教育》杂志上发表《尝试教学法的实践和理论》一文，正式提出了尝试教学法的观点，并将尝试教学法划分为五个步骤，为其理论在操作层面上奠定了一定基础。

（三）理论升华阶段

主要指1990年至1996年。理论升华阶段，对尝试教学法进行了理论提炼，将教学法上升为教育理论。在中国教育学会的支持下，成立了尝试教育法专项课题组，依托实验基地学校，在大量实验的基础上，经过数年的研究，完成了"尝试教学理论研究与实践"的研究主题报告以及超过一百个子课题。这些成果最后汇编成《尝试·成功·发展》一书。《尝试·成功·发展》一书的出版，标志着尝试教学法正式成为一种教育理论，丰富了中国教育教学方法理论。

（四）融合发展阶段

主要指1996年至今，尝试教学法与素质教育、新课改等教育政策相融合，促进尝试教学法的完善与发展。

二、小学数学课堂的尝试教学的相关理论

（一）苏霍姆林斯基的研究性学习理论

研究性学习法就是对学习对象采取研究的态度。教师在教学时通过提供新材料，引导学生提出各种假设，并加以尝试验证，旨在培养学生积极独立地发现问题、思考问题、解决问题的一种教学法。它主要由四个步骤构成：第一，由教师提供新材料供学生学习，让学生明确学习重点、学习任务和学习目标，了解存在困难，并将学习重心集中于这种困难上；第二，要求学生独立阅读教科书和相关材料，而不是教师主动提供现成结论；第三，让学生积极思考、分析、比较各类先前困难和自学掌握的

内容，研究各种现象间存在的因果联系，尽量从现有材料中获取一般性规律，充分展现各种解释；第四，学生亲自实验验证每一种假设，得出正确结论。

苏霍姆林斯基的研究性学习在中心思想、基本步骤方面和尝试教学法有众多相似之处，例如，在教学环节的划分和设计上均安排内容包括：一是提供尝试材料让学生自行研究，相信学生自主学习的能力，望其通过自学明确学习重难点；二是将教科书作为学生自学的主要辅助材料，安排学生独立自主研读课本环节，锻炼学生自主学习的能力。但是，两者也有明显不同，如研究性学习法过分注重学生的自学能力，而尝试教学法教师则在必要节点上参与教学过程，起到引导和提高教学效率的作用。

（二）卡尔·罗杰斯以学生为中心教学理论

卡尔·罗杰斯以学生为中心教学观认为，传统教学模式容易忽视个体的内在潜能，认为每个学生都有自我实现的倾向，而且这种倾向是有积极意义的，能促使学生前进，在此基础上教学是助推这种实现的工具而非"控制"和"灌输"。卡尔·罗杰斯以学生为中心教学观内容包括：第一，要以培养学生创造力为中心；第二，建立和谐、平等和包容的新型师生关系；第三，营造有意义的学习过程，让学生明白所学知识是用来解决实际问题的。教师在教学过程中要承认学生有追求真知的自然本能，进而创造一种有利于习得知识的氛围，引导学生学会学习。

与卡尔·罗杰斯以学生为中心教学观相近的尝试学习是践行"学生为中心"的教学观的一种教学法。教学过程中，教师没有先入为主，而是给予学生充分的时间去思考，去动手操作。即使是在教师指导的环节，教师也是在学生先行尝试、得出结论后参与指导，避免了传统教学法中"灌输"的现象出现，能既有效培养学生的创造力，又塑造学生求真求实的性格。但是，不可否认的是罗杰斯的教学观在教学目标、教学内容、教学方法和进程等方面表现出对学习者的过分自信，不利于让学习者获得系统而严谨的知识体系。

（三）桑代克的试误说理论

试误说源于桑代克的迷笼实验，实验中将一只饥饿的猫关进一个带有开关的笼子，猫只要按对安装在笼中的按钮，即可逃离笼子获得笼前的食物，猫在多次尝试无果后偶然按对开关逃出笼子，多次试验后，猫一进入笼子就能逃离。桑代克的实验说明，猫的学习是通过不断尝试错误来获得正确结论，即外界刺激情境使其得到正确反映。人的学习也是如此，即在不断的尝试过程中，无关的错误反应逐渐减少，最终得到正确结论。

人的学习试误至成功需要有三个条件，即准备律、练习律、效果律。准备律，要求教师在进行教学活动前让学生做好与教学活动相关的准备，而不是突兀地进行教学；练习律，要求教师在教学中多次重复正确的反应，布置适当的练习题去强化正确的教学方法和结论；效果律，要求教师要及时对练习结果进行反馈，正确的要表扬鼓励，错误的要适时指出并要求改正，让学生不断地接受正强化。

桑代克试误说的三条定律对尝试教学有很大的启发，在教学过程开始前，提供尝试题无疑就是为后面的学习做了准备而避免突兀，而尝试练习和二次尝试练习的加入无疑是要不断强化学习成果，教师的及时点评落实了效果律的相关要求。虽然尝试教学法与试误说有相似之处，但是也有明显区别。桑代克的试误说是建立在学习中尝试失败基础上多次尝试后获得正确结论。而尝试学习法一开始就希望学生能尝试成功，即使不成功也能通过教师指导与创设学习教学情境，在教材的帮助下获得成功。此外，尝试教学中学生的尝试不是孤立的，而是可以互相帮助尝试共同解决问题的。

三、小学数学课堂尝试教学的特征

邱学华的《尝试教学论》中多次提出其教育理念是学生能在尝试中学

习，学生能在尝试中成功。尝试教学法的最典型特征是在相信学生的基础上，让学生在获取新知前先行有计划、有目的地尝试，代表性操作模式为"先练后讲""先学后教"。这与传统先讲后教的教育模式截然不同，符合当前对培养人才的需求和方向。尝试教学法有以下明显特征。

（一）以学生为学习的主体

传统接受学习中学生处于被动地位，被动接受教师给予的现成结论，不利于知识的巩固与运用。尝试教学中学生处于主体地位，尝试的过程就是学生自主学习的过程。

（二）改变了教师教学方式

传统接受学习中，教师作为教学活动主角，既是导演又是演员。尝试学习中，教师让位给了学生，学生先自主尝试，发现问题后教师再进行指导，只扮演了组织者、指导者和合作者的角色，既减轻了负担，又提高了效率。

（三）有益于增强学生学习的自主性

传统讲授的学习法，注重现成知识的传授，多以机械记忆的方法，注重结果而不重视过程。尝试教学法中，学生先尝试解决尝试题，发现问题后自学课本，自学过程中结合小组讨论研究，是一种有较高自主性的学习。

（四）注重培养学生的学习习惯

接受教学中，学生只需将现成知识模块纳入已有知识结构，这种单纯的"接受—内化"的模式往往效果不佳，一次有效的学习经常需要两次甚至多次的内化过程才能巩固。尝试学习中，学生从单纯的"接受—内化"的模式转变为"尝试—探究—接受—内化"模式，先在旧知识的基础上进行尝试，发现问题后进行探究，在教师适度的指导下获得结论，自行完成内化过程。比起结果，尝试教学法更注重自主学习过程。

简言之，尝试教学最大的优势在于学生通过自主先行解决尝试问题，找出存在问题与难点，明确新知的学习目标，教师在随后的讲解过程中有的放矢，有利于学生在原有知识基础上巩固新知。尝试教学法作为一种"折中"的方法，既有利于充分发挥学生的学习积极性，由于教师的参与提高了学生学习的效率和效果，又能有效避免学生被动接受教师结论和学习者自主学习效率低下的弊端。

四、小学数学课堂尝试教学的实施

（一）小学数学课堂尝试教学实施的模块

模块一，提出尝试问题。尝试题是尝试教学法的重要开端，尝试题的好坏直接决定尝试教学能否顺利进行。题目要能连接旧知与新知核心环节，必须有利于学生在原有知识结构的基础上探索内化新的知识，难度要适中，不宜过易也不宜过难，以学生可以提出与新知相关问题为宜。在教学上，该环节在低龄学段可以由教师根据课本编制，高龄学段可由学生自行提出。

模块二，探索解决问题的途径。这个模块是尝试教学的核心模块。学生提出问题后，教师不要先行干预，而是放手让学生自行尝试，重在发现问题和探索解决问题的途径。学生尝试的途径可以有三个方面：①自学课本。教材应该作为学生尝试的主要材料，其难度适中，讲解翔实。从阅读教材过程中自主获取解决问题的方法，不但能提高学生自主学习的自信心，而且能培养和锻炼学生自主学习的能力和技巧。②合作学习。对有一定难度的新知，教师可以安排学生进行小组合作，共同探讨解决。合作学习，有利于培养学生团结协作意识，增强班级凝聚力，也为后期尝试学习等各类学习奠定基础。③师生交流。教师在学生自主尝试的过程中可以适时参与到尝试环节，尤其是对尝试有困难的学生或小组进行指导，同时收集、了解学生的所思所想、所困所惑，针对典型问题讲解以提高学习效率。

模块三，解决问题，自我评价。在获得尝试结果后，学生必须对尝试结果进行检验并进行自我评价。教师可以选择部分尝试结果进行展示，初步引导学生对尝试结果进行自我评价，在评价过程中突出尝试中存在的问题、新知识运用方式等，最后通过做二次尝试题的方式验证学习效果，指导学生将新知识纳入个人已有的认知结构。

（二）小学数学课堂尝试教学的实施流程

在实际操作过程中，基于上述三大核心模块，尝试教学最常用到的是七步模式。

1. 准备练习

充分运用旧知识创设尝试氛围和尝试条件，先进行准备练习，选用的旧知识必须和新知识存在联系，为后面尝试题铺桥搭路。例如，在学习"100以内的进位加法"时，教师在课前先以10以内数字的进位加法做铺垫，出示准备题6+4，7+5，3+8，2+9等，学生计算后进行评价。

2. 出示尝试题

尝试题是尝试教学法关键的开始，因此在设计题目时要充分考虑学生的知识储备和新知的关键联系，明确尝试目标。题目的难度要进行控制，要能在旧知识回顾的基础上方便学生依据尝试活动提出问题和交流讨论；题目设计要新颖，能激发学生的学习兴趣，方便学生快速进入问题情境，从问题带入思考，并由思考回到问题。例如，教学"周长"时，教师在让学生画出标准长方形和正方形后，出示长5厘米、宽3厘米和长6厘米、宽2厘米的两个不同长方形，并提出问题："小鹿和小兔绕着这两个长方形各跑一圈，它们争执不下究竟谁跑得更长。大家能帮帮它们吗？"这类问题能激发学生自主探究的热情，有利于推进教学进行。

3. 自学课本

尝试题作为铺垫，当学生发现问题后，就要运用各种手段尝试解决问题，这是尝试教学的核心环节。教材作为尝试教学自主学习的重要工具，是课堂上学生获得解决方法的主要途径。教师应该在这个环节引导学生认真自学课本，定向获取问题的解决办法，培养学生独立获取知识的能力。

4. 尝试练习

出示尝试题是引导学生自学课本的手段，尝试练习是检验自学课本的结果。这一步在尝试教学法的七步程序中，起着承上启下的作用，既能检验前三步的结果，又为后面两步（学生讨论、教师讲解）做好准备。教师要根据课本中的例题，选择相似类型的题型或变式作为尝试练习，并根据学生在尝试练习中反馈的信息，组织学生讨论，然后进行重点讲解。

5. 学生讨论

讨论是教师讲解前的最后一步，它的存在能避免教师先入为主。学生在自学后，尤其是两次尝试练习和自主学习教材后对新知已经产生了初步概念，并在交流过程中共享学习成果，比对自身结论，从中获取学习经验。同龄人之间的交流往往比教师的讲授更加有益于将新知内化。这一环节既能培养学生协作、交流、自学的能力，又在交流过程中再次为教师后面有针对性地讲解埋下了伏笔，让教师把握学生自学的程度和效果。

6. 教师讲解

这个环节是尝试教学法区别于苏霍姆林斯基的研究性学习法、罗杰斯的"以学习者为中心的教育学观"、桑代克的试误学习法等理论的关键步骤。它表明了尝试教学法不但注重发挥学生学习的主体性，而且适时引入教师的主导性，从而避免如发现学习法、研究性学习法等学习形式的不可控因素。教师从前面步骤中获得的学生理解新知识的程度的反馈信息，在此基础上进行有针对性的重点讲解，是保证学生系统掌握知识的重要一步。

7. 第二次尝试练习

这是尝试教学法检验学生学习情况的最终环节，用于检测本次教学的效果，并帮助学生巩固所学新知。

七步教学模式只是尝试教学的一种步骤，是尝试教学法的基本模式，实际上尝试教学法可以在上述三大核心模块的基础上进行丰富和扩展。

五、小学数学课堂尝试教学的常见变式

尝试教学法可以在基本模式基础上进行自主调整，以适应教学的实际需要，比较常见的有以下模式。

（一）结合式

对班级中自主尝试有一定困难的学生可以采用结合式，以提高尝试学习的效果、效率。换言之，在教学过程中，教师可以把自学课本环节和尝试练习环节结合起来，边学边练，提高尝试练习的成功率，还可以把学生的讨论和教师的讲解结合起来，引导学生在教师的指导下围绕中心问题进行讨论，并在讨论后及时给予评价，提高尝试的准确度和效率。

（二）调换式

在新旧知识联系不紧密，或者通过一道题无法明确教学目标和难点的情况下，可以采用调换式。换言之，在教学实践过程中，直接出示与新知高度相关的一系列尝试题，这样更有利于学生发现学习目标和重点，因此可以调换尝试题和自学教材的步骤以帮助学生明确学习重心。

（三）预习式

对知识量较大的课程，部分教师在使用尝试教学过程中将出示尝试题、自学教材、尝试练习三个步骤独立放在正式授课前，以课前预习的形式加以落实。这种模式下，教师往往提前一天将准备好的尝试题和尝试练习，并以任务卡的形式布置给学生，学生在家通过预习和尝试练习，带着问题来到课堂，有针对性地听教师讲解，教师把大量的时间用于二次尝试练习。

（四）融合式

尝试教学法并不意味着排斥另外一种教学法，它们之间不应该是对

立的，而应该是相互融合，综合应用，实际上一堂课不可能只用一种教学法，而是一法为主，多法配合，因此尝试教学法在实际教学过程中可以与其他教学法结合使用。将尝试教学法与项目教学法相结合，例如，教学"圆的周长"时，教师适时引入情境，提出问题"四边形可以通过测量边长的方式获得周长，对圆这样的图形，我们如何获得周长？用大小不同的圆片试试看，圆片在尺子上向右滚动一周，或者用线绕圆片一周，看看圆的周长与什么有关？"，整合自学教材、尝试练习的环节，引导学生在"自主探索基础上，进行交流讨论"这个步骤以"探索圆的周长测量方式"为主题进行项目学习，安排学生以小组合作模式自行分工协作，制订活动计划，展示活动成果（最后的测量方法）。将尝试学习与项目学习有机结合起来，能大大提高学生学习效果。

第二节　反馈教学

——自学研讨贯彻始终

反馈教学法是运用现代控制论、信息论、系统论抽象出来的有关原理（反馈原理、有序原理、整体原理），通过精心设计教学结构，使受教育者在短时间内摄取最大而有效的信息量，并实现信息量高速传递和交流的一种教学方法。

一、小学数学课堂反馈教学的相关理论

反馈教学法的设计与实施都是以现代三论——系统论、信息论、控制论，及其抽象出来的三条基本原理——反馈原理、有序原理、整体原理为依据和指导的。

（一）小学数学课堂反馈教学的"现代三论"

1. 系统论

系统论是关于研究一切系统的一般模式、原理、规律的科学。系统论是现代方法论，把世界和世界中的每个事物都看成是系统和系统的集合，也就是说，世界万物皆成系统，系统无处不在。系统是由相互联系、相互

制约的若干部分，按一定规律和层次组成，具有一定功能的整体。教与学是相互联系、相互作用的一个整体，教学过程是多任务、多层次、多要素构成的复杂系统，教学系统是教育系统的一个子系统。因此，用系统的方法，运用系统原理和系统观点，从全局出发，对系统内外各种联系及其规律进行系统考察和辩证分析，找出合乎目的并能达到目的最佳方案的方法，会取得良好的效果。

2. 信息论

信息论是关于研究控制系统中，信息的计量、传递、变换、贮存和使用的规律的科学。教学是师生间的多边活动，教学活动就是通过信息的传递、转化、互相影响、相互促进的过程，是信息的传递、反馈、再生和升华的过程。教学信息主要指教学内容，教师的语言、板书，学生的答问、讨论、作业，以及师生教学中的各种意识信号，如走动、手势、表情、眼神等。学生从教材或教师或同学那里吸收信息，又通过面部表情、口头表达、练习答问、作业、考试等形式把信息输出给教师，教师根据学生的反馈信息与预定的教学目标的偏差，调整教学过程。这样使得师生双方始终保持知识信息畅通，在单位时间里获得最大有效信息，实现教学的最优化。因此，运用信息观点，把教学看作借助于信息的获取、传递、加工处理而实现其有目的性的系统，通过信息流的正常流动，使系统按照预定目标组织教学，是促进教学改革、提高教学质量的有效手段。

3. 控制论

控制论是研究各种系统控制和调节规律的科学。控制论以各系统所共有的通信和控制问题为研究对象，其任务是探讨各类系统共有的信息交换、反馈调节、自组织、自适应等方面的共性，进行理论概括和总结，形成一套适用于各门科学的共同语言、概念、模型和方法。控制论认为，许多研究对象都是通信和控制系统，通信与控制是分不开的，通信的目的是为了控制，要实现控制就必须有反馈。

控制的实质就是应用反馈方法达到增强系统稳定或实现系统目标的目的。教学过程实质上也是通信和控制的过程，教学活动是通过反馈实现目的的活动，是一个可控的反馈系统。因此，利用反馈控制方法研究教学过程有重大意义。

（二）小学数学课堂反馈教学的原理

1. 反馈原理

任何系统只有通过反馈信息才能实现控制。相反，没有反馈信息的系统，要实现控制是不可能的。教学是一种有目的的行为，而有目的的行为离不开反馈。教学反馈就是将信息输送出去，又把信息的作用、结果返送回来，并进行分析、评价、调节，然后把信息再输送出去，通过调控，不断纠正教学中出现的偏离度和失误，使师生双方始终保持知识信息畅通，达到教学同步，实现教学优化。

反馈原理告诉我们，小学数学教师如果不了解学生就随意讲课，学生不知道结果而盲目地练习，就不会取得好的效果。教与学不是简单的"教师讲，学生听"这样单向的因果联系，教师的教指导着学生的学，而学的结果又影响着教。满堂灌、注入式的教学方法，忽视反馈信息和评价信息，只注重输出信息和接收信息，导致师生双方缺乏信息交流，教学往往无的放矢，带有很大的盲目性，这样的教学必然失去控制，达不到好的教学效果。

在教学中，应用反馈原理十分重要。对教师而言，反馈信息可使教师掌握教学情况，改进教法，找出差距，因材施教，使教学更有针对性；对学生来说，反馈信息可使学生强化正确，改正错误，找出差距，改进学法，提高学习效率。根据反馈原理，反馈教学法在课堂教学中设计了三次反馈，即课前的诊断性反馈、课中的效应性反馈、课末的巩固性反馈。

2. 有序原理

任何系统只有开放，与外界有信息交换，才可能有序；反之，与外界无信息交换的封闭系统，要使之有序是不可能的。教学过程是一个长时间的有序过程。在教学过程中，学生的认识能力是发展变化的，学生的情感、意志和思想品德也是发展变化的，是一个由浅入深、由简单到复杂、由较低级到较高级的发展过程。传统教学体系的弊端之一就是没有留给学生充足的时间思考问题，这样的系统必然使信息无法顺利交换。

有序原理告诉我们，教学系统应当是一个开放的系统，师生双方都应当把自己自觉地纳入这个开放系统中去，加强师生互动、生生互动，尽量争取与外界交换有用的信息。根据有序原理，反馈教学法在课堂教学中设计了三个阶段（环节），即导入新课阶段、学习探索阶段、巩固加深阶段。

3. 整体原理

任何系统都是有结构的，系统整体功能不等于各孤立部分功能之和。反过来说，没有结构的、由孤立部分组成的系统是不可能的。教学过程是一个整体，是一个多任务、多层次、多要求构成的复杂系统。传统教学普遍重视部分（一个一个知识点、一节一节课）的教学，而忽视本学科、本单元的知识结构及知识间的内在联系以及同其他学科的联系，较少从整体上考虑问题，因此教师只是把孤立的知识教给学生。整体原理既强调将知识分解为部分，又强调将知识综合为整体，过分强调某一方面都不利于掌握完整的知识，都不符合整体原理。只有既强调有整体的部分，又强调有部分的整体，才算符合整体原理。

整体原理告诉人们，要使教学效率高，首先必须从整体上把握问题；其次研究部分与部分之间的关系；最后综合为整体以解决问题。教师不仅要研究各组成部分、各环节的优化，更要研究整个教学过程的整体优化，使整个教学过程达到最优设计，实现最优控制，取得最优效果。

根据整体原理，反馈教学法强调，在教学每个章节与每堂课时都要遵循"整体—部分—整体"的原则，课前要出示整体教学目标，课中要围绕目标实施教学，课后要对目标达成度小结与反思是否从整体上讲清了这部分知识、是否注意到最终建立整体结构。

二、小学数学课堂反馈教学的特征

反馈教学法最典型的特征就是以信息反馈为主线，把自学研讨贯彻始终。它改变了传统的教师讲、学生听的注入式教法，使课堂信息由教师"单向传递"变成师生间的"双向传递"。在教师的指导下，学生边学习、边思考、边总结、边创造，可以从教师或教材或同学那里获得各种信息，再利用各种形式，通过各种通道把自己的学习结果输送出去，然后收回外界对它的评议，从而检验学习效果和掌握深度，并在原有知识基础上进行调节和改进，从而达到巩固知识、培养能力、发展智力的目的。

反馈教学法符合素质教育要求，符合教育教学规律，遵循小学生身心发展规律和年龄特征，有利于充分调动学生学习的积极性、主动性，有利于学生自学能力、思维能力、表达能力的培养，有利于减轻学生过重的学业负担、促进学生身心健康，有利于因材施教、大面积提高教学质量。反馈教学法不仅适合所有学校，而且对学习条件较差、学习基础不好、学习方法薄弱的班级特别容易见成效。

三、小学数学课堂反馈教学的实施

小学数学课堂反馈教学的实施要以充分的信任挖掘学生潜能，充分地调动学生学习的积极性、主动性和创造性，使大多数学生想学、会学、能学好为基本出发点；以控制论、信息论、系统论及其抽象出来的反馈原理、有序原理、整体原理为基本理论依据。

在教学过程中要以"导学、启思、育人"为基本教学原则，以"合作学习小组"为基本教学单位，以"教读课、导读课、自读课"为基本教学模式，以"导学启思、自主互助、先学后教、先议后讲、先练后评、及时反馈矫正"为基本教学策略，以有目的、有步骤、分阶段地"培养学生的自学能力，发展学生的思维能力，减轻师生过重负担，大面积提高教学质量"为基本教改目的。

（一）有效进行教学反馈、评价、矫正、调控

教学信息反馈不仅要及时，而且要讲究反馈的层次性（每次反馈不是简单地重复，而是提炼和升华，教学过程中的各次反馈在层次上要逐步加深）、反馈的效益性（反馈的面要广、量要大，不能只针对少数学生）。

对教学信息的评价要及时（延时评价会降低效益）、准确（无论肯定评价还是否定评价，用语不得含糊其词）、重点（一般性问题精简评价、重点内容要突出评价）、激励（针对学习能力不同的学生，采用不同的激励性评价）。

矫正是反馈的重要因素之一，反馈不是目的，反馈是为了更好地矫正。教师要引导学生分析出现错误的原因所在，还要教给学生矫正的方法。要根据反馈信息，及时调控教学目标（调至最近发展区内）、教学内容（数量、难易度）、教学方法与形式、教学节奏与频率、双基练习量、思维训练量等，把握住知识的停靠点、能力的增长点、思维的激发点，使教与学同步发展，取得最佳的教学效果。

（二）设计各类典型性、针对性练习题

反馈教学法中的复习题、迁移题、讨论题、巩固题、综合题、思考题、操作题、归类题贯穿于课堂始终，构成递进式的训练系列，因此要精心设计好这些题目，最好把题目编入"学案"或"学习单"，具体如下。

（1）了解学生，掌握教材。教师通过课堂观察、提问、练习、小测等，全面了解学生的知识基础与接受能力，充分估计学生与教材之间可能出现的矛盾；通过钻研教材，研究教材内容所占的地位作用、整体结构、主要线索、纵横联系，把握住知识点，形成知识链，构成知识网；掌握教材编写者的意图，把握住重点、难点、训练点，实现学用结合；了解教材中针对不同层次的学生要求，把握住教材内容的深度、广度，以实现"因材施教""差异教育"。

（2）认真设计好各类题目。课前或课中的导学思考题要少、精、活，紧扣课标，目的明确，重点突出，纵横联系，针对实际，基础扎实，启发思维，难易适中，分量适度；课内巩固性练习题的类型、题型要多样化，如诊断性练习、单一性练习、巩固性练习、对比性练习、针对性练习、多元性练习、操作性练习、综合性练习、发展性练习、创造性练习等，还要将多种功能的练习综合使用，将主观题、客观题相结合。

（三）加强科学学习方法与练习方法指导

1. 重视学生课前预学及课内自学的指导

在指导学生自学时做到明确时间，明确内容，明确方法，明确要求（在自学时要思考哪些问题，准备让教师检查）。教师要教给学生学习的通法，如怎样预习、复习、听讲、提问、答问、解题、阅读、思考、解疑、讨论、实验等，还要教给学生学科的学习方法，如怎样学好概念、公式、法则、定理、定律等。教师要鼓励学生敢于发表自己的意见，敢于交流自己的思想，指导学生学会一边听讲一边思考，一边阅读一边思考，一边练习一边思考，并留下充足的时间让学生进行思考。

2. 加强练习方法的指导

教师要教给学生做练习题的好方法，开始时要做必要的示范，要求学生认真审题，细心解答，先要求正确与规范，后要求熟练与速度，遇到困难时，要先看课本内容，如果仍不能解决问题，再请教同学或教师；要重视培养学生做完练习后进行自我检查的好习惯，注重培养学生的时间观念和效率意识，力求让他们在最短时间内采用最佳的方法解决问题，切忌放羊式让学生自由练习。

3. 注意练习结果的及时反馈

教师对学生的练习应及时地、客观地、正确地予以评定，指出优缺点，表扬练习中表现好的学生，注意纠正学生练习中出现的错误，指出改进的要求与方法，让学生能看到成绩，知道不足，改进方法，增强学习动力。

（四）开展扎实有效的小组合作学习

小组合作学习注重的是学生合作品质的培养、合作精神的养成，其最主要优点是能弥补班级教学和个别学习的不足。为了提高小组合作学习的效率，先要合理分组（是前提）、明确角色分工，再选好组长（是关键）、明确职责，并建立评价机制（是保证）。

关于数学课堂中小组交流讨论，要明确：①交流的内容——对知识或问题的理解、见解、解决、疑惑；②讨论的内容——教师预设的问题、课堂生成的问题；③怎样讨论——学困生优先，中等生补充，优等生总结；④互助的内容——以优带差，落实小组里面的"一对一"学习，共同进步。

四、小学数学课堂反馈教学的常见变式

（一）"四段八步"式

1. 导入新课阶段

导入新课阶段——第一次反馈（检查性），了解学情，架设桥梁。新课导入主要考虑如何促进知识的正迁移。导入方式可以从新旧知识的联系上导入，可用学生熟悉的生活实际导入，还可通过问题或练习的讨论研究等导入。导入过程一般分两步：第一步，出示基础概念复习题。教师通过

提问、测查、板演等形式，及时了解学生上节课或以前学过的与新课有关的旧知识掌握情况，为学习新知识铺平道路。第二步，出示由旧探新迁移题（尝试题）。迁移题是为在新旧知识之间铺路架桥，使学生的求知欲望达到高潮。

教师通过巡视、检查，及时获得第一次反馈信息，了解学生对旧知识的掌握程度，再根据学生对复习题、迁移题掌握的情况，利用小结及时进行第一次矫正与调控。

2. 学习探讨阶段

学习探讨阶段——第二次反馈（效应性），引发兴趣，积极探索。导入新课后，及时出示讨论题，引导学生联想旧知识，并带着强烈的求知欲去阅读课本、实验、观察、思考、讨论，认真探索和掌握新知识。教学取得成功的关键是教师善于设问，让师生双方在知识的重点区域展开讨论，反复研究，以获取知识。这一阶段按两步进行教学：第一步，出示讨论题。根据小学数学教材内容和学生水平，出示涉及新知识的讨论题，让学生分组讨论。在分组讨论前，教师要让学生充分阅读课本，通过阅读、讨论，系统地了解知识结构，以培养学生的类比推理能力，为自学探索打下基础。第二步，出示巩固题，让学生再进行一次巩固性练习。以上两个步骤，能使学生的思维活动达到高潮，培养学生的自学能力、思维能力和表达能力。

教师通过巡视、检查，及时获得第二次反馈信息，了解学生对新知识的理解程度和应用情况，进而根据学生对讨论题、巩固题掌握的情况，利用小结及时进行第二次矫正与调控。

3. 巩固加深阶段

巩固加深阶段——第三次反馈（巩固性），灵活运用，巩固深化。教师根据第二次反馈信息进行弥补矫正后，先让学生当堂独立做综合练习题或操作实验（部分中下学生上台板演），优生做智能题（选做题），然后同学间互相批改或教师组织集体批改，使学生把已获取的知识再次整理、加工、强化与运用，把正确的保持下来，错误的改正过来。这一阶段按两步进行教学：第一步，出示综合题，强化知识的综合与运用训练；第二步，出示智能题，使优生也吃得饱，通过智能题使学生的智力得到发展。通过以上两个步骤，教师能了解学生掌握新知识的深度，灵活运用新知识、培养智能，从而使学生的发散思维达到高潮。

教师通过查看学生练习与批改情况，听取同学的分析、判断或争论，及时获取第三次反馈信息，若发现问题，及时帮助学生加以解决。这就是第三次矫正与调控。

4. 运用创新阶段

运用创新阶段——第四次反馈（发现性），发现规律，得出创见。每课时末，留出数分钟的时间，根据本课制订的教学目标安排2—3道灵活性较强的数学练习题（类比总结操作题、推广发现的归类题），引导学生特别是优生总结、归类，发现所学的知识规律，灵活运用规律解决实际问题，使学生的创造性思维达到高潮。

（二）"三段六步"式

1. "三个环节"与"三次反馈"

（1）课内的"三个环节"：

① 课内的导读（先学）环节，指在学生"课前预学"的基础上，教师指导学生再次进行课内阅读与思考（或讨论），教给学生阅读与思考的方法，交代阅读与思考应注意的问题，指出教材的重点、难点部分，从而培养学生的自学能力。

② 课内的精讲（后教）环节，指在学生课前预学、课内自学（含讨论）的基础上，根据学生掌握知识的情况，精讲课文的重点，突破教材的难点，强化学习的注意点。精讲指教师的精讲，也包括培养学

能精讲。

③ 课内的过关（矫正）环节，指通过"精练反馈"及"评估小结"，检查学生的学习是否达到学习目标要求。做到每天一小测，达到教学当堂过关。

（2）课内的"三次反馈"：

课内的第一次反馈——诊断性反馈，是为实现迁移作铺垫的反馈。在小学数学课堂教学新课之前，教师通过抽检、提问、板演、批改、小测、讨论等多种形式，有目的地检查、了解学生旧知识掌握情况，确定新课是可以按原计划正常进行还是需要做简要的复习，为学习新知识搭桥铺路，实现知识的正迁移。教师在上新课之前，必须布置学生复习旧知识的任务，让学生有目的地复习与学习新知识有关的基本概念及与基本概念有关的基本习题。

课内的第二次反馈——效应性反馈，又称即时性反馈。在学习某个知识的过程中或结束时，教师及时地抛出简要的问题（或提问或练习题），要求学生及时地回答、练习、质疑、讨论，对所学的新知识及时地做出效果反应。教师从学生的语言、眼神、面部表情、坐姿、练习等，及时地了解学生对新知识的理解程度。若发现缺漏，立即进行补救，直至学生真正理解掌握为止。即时性反馈问题或练习要精心设计。

课内第三次反馈——巩固性反馈，是在结束一堂课的几个教学目标之后，教师精心设计一套基础性、典型性、层次性较强的课堂练习题（测验题），让学生当堂练习，以检验本节课教学效果。在学生做练习期间，教师进行紧张、有目的地巡视，及时搜集来自学生方面的反馈信息，并将反馈信息进行处理，正确的及时肯定，错误的及时纠正，疑惑的及时剖析，缺陷的及时弥补。教师在适当的时候，出示反馈练习题的参考答案，以供学生自评、互评或教师讲评时参考。

2. "三个阶段"与"三种课型"

"三个阶段"指课堂教学培养学生自主学习能力的"教读阶段、导读阶段、自读阶段"，"三种课型"指与"三个阶段"相对应而设计的"教读课、导读课、自读课"。"三读""三课"循序渐进，分层发展。

（1）教读阶段。当多数学生还不会自学的时候，以教师的教为主；在实验的初始阶段，以教师的教为主。教师在学生课前预学的基础上，结合教材及"导学思考"中提出的有关问题，引导学生阅读课文，逐字、逐句、逐段地分析讲解课文，启发学生积极思考有关问题。教师要教学生怎样分析理解课文内容，怎样发现问题、思考问题，怎样解决问题，怎样归纳小结等。本阶段教学的侧重点应放在"教学生如何读"上。

教读阶段课型（教读课）一般步骤为：诊断导学—教读精讲—质疑问难—答疑解难—精练反馈—评价小结。

（2）导读阶段。通过教读阶段的培养，学生具备了一些自我阅读能力。这时，教学应以"先学"为主，教师的教应在学生学的后面。学生根据课前预学的基础，在教师的指导下，再次自学课本，思考（或讨论）、解答导学思考题中设计的以及课前预学自己遇到、想到的未能解决的有关问题。教师根据课堂巡视掌握到的反馈信息和教材的要求，精讲教材的重点、难点、关键点、注意点、联系点。导读阶段教学的侧重点应放在"指导学生自己读"上，教师重在帮助学生掌握教材重点、突破教材的难点，掌握科学的学习方法，培养良好的思维品质。

导读阶段课型（导读课）一般步骤为：诊断导学—独立先学—小组议学—展示精讲—精练反馈—评价小结。

（3）自读阶段。在教读和导读的基础上，多数学生已具备一定的自学能力，教师应放手让学生参考导学思考题中设计的有关问题自学教材。教师只需要帮助一般学生解决疑难问题，对学习困难生进行个别辅导，优生不需导学思考题也能看懂课文，能自己掌握新知识，甚至能有所创新。学生通过自学后，优等生能讲解所学知识，一般学生在教师指导下也能讲，教师只做些评定或补充讲解。

自读阶段课型（自读课）一般步骤为：诊断导学—独立先学—新知检测—精讲提升—精练反馈—评价小结。

第三节　实验教学

——直观可操作

小学数学实验教学法指的是教师借助仪器、多媒体设备等手段，在严谨的数学思想和理论的指导下，以数学素材为实验对象，引导学生对现实生活中与数量和图形有关的问题进行数学分析、操作、归纳总结，以实现理解数学、解释数学、应用数学为目的的教学活动。

小学数学教学方法很多，但数学实验法直观、简便、可操作性的特点能够把抽象的数学知识转化为具体的数学结果，有利于小学生对数学知识的理解和掌握，提高小学生的空间观念、数据分析和运算能力，促进小学生数学素养的形成与提高。

一、小学数学课堂实验教学的相关理论

（一）现代认知主义的格式塔理论

现代认知主义学习理论"格式塔理论"认为，学习过程不是尝试错误的过程，而是顿悟反思的过程，即对当前问题的突然解决。在此理论的指导下，数学实验依循"问题提出—实验验证—实验失败—实验反思—实验

改进—问题解决"过程，让学生在尝试失败的基础上，感受数学家发现和证明数学结论的艰辛过程，增强学习数学的兴趣，提高数学知识理解和掌握的程度。

（二）弗赖登塔尔的数学教育理论

弗赖登塔尔的数学教育理论强调，数学教育必须面向社会现实，联系实际，用创新的思想和方法去进行教学，应该培养和发展学生从客观现象发现数学问题的能力。弗赖登塔尔的数学教育理论提倡"讨论式""指导式"的教学形式，要求充分调动学生的学习主动性与积极性。为满足时代发展的需要，我国义务教育小学阶段的"双基教学"发展为"四基教学"，要求引导学生在实践生活中生成、提升数学的"基本思想"和"基本活动经验"，并能应用数学知识解决生产活动的实际问题。在设计与实施数学实验时，教师利用弗赖登塔尔数学教育理论，指导学生提出问题，自主探究，动手实践，最终解决问题，有助于提升学生主动学习的能力，培养不畏困难的意志品质，进而形成良好的数学学习的习惯和方法。

（三）波利亚的解题方法理论

波利亚的解题方法理论认为，小学数学教育的根本目的是学生都会思考。这意味着数学教师不只是授业解惑，还应发展学生运用数学知识的能力。教师在教学过程中应教会学生思考的方法，让学生体会到数学学习的成就感，产生学习兴趣。教师在教学过程中可遵循三个原则：主动学习、最佳动机、循序渐进。在数学实验中，教师可根据波利亚的解题思路，分解实验的每一步骤，循序渐进，环环相扣，根据学生能力的差异，指导学生按照实验的步骤，科学严谨、自主探究、不畏困难、自主操作，顺利完成实验，这有利于学生体会实验成果的成就感，培养学生科学探索的精神，提高学生的动手能力。

（四）ACT-R的数学教育理论

ACT-R理论是一种象征的认知架构，是一条"数学化"的道路：把复杂问题简单化，这种简单化的处理有利于揭示认知过程的本质特征。ACT-R理论被称为学习与认知的简单理论，原因在于其中的一个观点：复杂的认知是由相对简单的知识单元组成的，而这些知识单元是通过相对简单的原理而获得的。基于ACT-R理论开展数学实验，能把抽象的数学内容直观地展现给学生。实验操作，能有效提高学生理解和掌握数学知识的效率，减轻学生数学学习的困难与负担，调动学生数学学习的积极性。

二、小学数学课堂实验教学的特征

在实际的数学教学过程中，并不是所有的知识内容都适合进行数学实验。教师应根据数学实验的特点，结合具体数学知识内容进行选择与设计，否则只会适得其反。数学实验教学活动具有三个显著特征，具体如下。

（一）可操作性特征

数学实验教学法具有教学内容可操作性的特点。小学数学"数与代数""图形与几何""统计与概率""实践与综合应用"四个领域的课程内容中都蕴含着大量可操作的内容。例如，在"数与代数"部分，数的比较大小实验，利用学具认识元、角、分并了解它们之间关系的操作实验，整数四则混合运算律的探究实验，数位顺序与位置的发现实验等；在"图形与几何"部分，通过实物和模型辨认几何体的认识实验，认识长度单位并能进行简单换算的操作实验，特殊几何图形面积公式的探究实验，感受图形运动与位置的操作实验等；在"统计与概率"部分，利用计算机对数据进行简单处理的操作实验，通过媒体中的统计图表主动地获得相关信息的认知实验等；在"实践与综合应用"部分，通过互助协作，提出数学问题，分析和解决数学问题，从而获得数学活动经验的操作实验等。

（二）直观性特征

数学实验教学法具有直观性的特点。当个体面对新的经验时，人们会感觉到不平衡，即已有的经验与新经验之间产生了矛盾。这促使人们去探索并形成一个结论来恢复他们认知系统上的平衡。实验教学法的直观性特点，有利于小学生对新知识的理解与掌握，促进他们对新知识的认知系统的形成。

例如，小学生在学习加法交换律时，可能会对1+2=2+1这样的结论产生困惑。这时，教师可利用事先准备的小木棒，先后演示1+2与2+1的运算。虽然过程不同，但结果都一样，让学生的困惑得到解决，并且促使他们搜集更多的实验，验证加法交换律（比如5+3与3+5，4+6与6+4），加深理解和掌握加法的交换律。因此，直观的实验教学可以有效地促进学生对新知识的获取，实现认知系统的平衡。

（三）可重复性特征

可重复性是数学实验的一个典型特征。每一个数学结论的产生，都需要经历"发现—猜想—验证—结论"的过程，而其中"验证"主要是在数学实验的基础上进行的。特别在统计概率的教学过程中，教师利用抛硬币的实验，让学生通过大量重复的抛掷，直观感受到正反面出现的等可能性，从而理解概率是大量随机事件中稳定的"量"，了解数学知识来源于生活，抽象于生活。

例如，袋中装有1个红球和3个白球，不告诉学生具体的数目，只告诉他们球为红色和白色两种颜色，让学生通过多次重复有放回的摸球，列表统计得出两种颜色的摸出数量及各占的比率，估计袋中红球和白球的数目。这样的教学，借助学生对摸球游戏的兴趣，让学生体会数据产生的随机性，每次实验的结果是无法预期的。经过多次有放回的重复实验，学生会发现一些规律，也就是经过大量的数据分析，红球和白球所占比例接近某个固定值。在此基础上，教师不必马上干预学生的实验活动，而应引导学生运用实验数据估计实验结果，探究实验的结论，激发学生对数学学习的好奇心和求知欲，进一步提高学生积极参与数学活动的兴趣。

数学实验教学法对数学课堂教学的顺利开展有着积极的作用和效果，有利于吸引学生学习的注意力，培养学生动手实践能力，提升学生的数学素养。

三、小学数学课堂实验教学的实施

在教学实践中，开展数学实验的步骤分为"内容选择—设备准备—过程实施—结果评估"，每个步骤科学严格地实施才能保证数学实验的最终成功，才能完成教学任务，实现教学目标。

（一）选择实验内容

选择实验内容时，应遵循以下原则。

1. 安全性原则

数学实验内容的选择应符合小学生的认知水平和操作能力，同时兼顾安全性，避免复杂、烦琐、危险的教学内容。如，教学"认识钟表"时，教师可指导学生利用废旧报纸自制钟表，易操作，又有利于学生的理解与掌握；在测量立方体的活动中，就不宜让学生爬高测量门框的高度。

2. 趣味性原则

小学生刚开始正式学习数学，增加数学学习的兴趣，有利于吸引他们学习动力。利用数学实验，可以把抽象严谨的数学知识转化为学生感兴趣的知识，避免挫伤他们学习数学的积极性，使他们在数学学习中寻找乐趣，提高数学学习的效率。

3. 化繁为简的原则

对教学困难的知识点，如果教师只进行理论教学，不仅耗时费力，而且无法取得良好的教学效果。这时，开展数学实验，可以取得更好的教学效果。如，学习求余数时，学生理解上会有困难，教师可在教学过程中设计数学实验，让学生与教师一起动手实验，用一定数量的粉笔摆正方形。学生在实验的过程中很容易理解一个正方形需要等长的4根粉笔，如果粉笔的数量不是4的倍数就不能把所有的粉笔组成正方形。换言之，粉笔的总数除以4后，剩余的数量如果不是4的倍数，就无法构成正方形，出现"余数"。借助这样的实验，学生很自然地明白其中的规律，理解和掌握余数本质与概念，实现教学目标与教学目的。

（二）准备实验设备

数学实验不同于其他自然学科的实验，有时不需要精密的实验仪器和设备，完全可以从日常生活中发掘素材。数学实验设备的选择应遵循以下原则。

1. 易取性的原则

由于客观条件的差异，不同学校配备的实验器材存在区域性的差异。教师可以因地制宜，就地取材，让数学实验顺利地实施。

（1）替代性方法。教师和学生可以联系实际生活选择和制作实验器材。如，需要小棒作为学具进行实验，用牙签、冰棒棍等来代替，容易取得，用包装盒和饮料瓶来代替圆柱体、长方体、正方体，在学习倍数关系时，用瓶盖、塑料片代替圆片、花片等实物；借助棋子来进行计数学习等。

（2）改进性方法。即对已有实验材料或生活物件进行改造，以供实验之用。如，在学习四边形时，可利用塑料吸管改进木条制成的长方形框，或磁性积木拼搭，方便学生取材和保障安全；在学习认识钟表时，可利用圆形纸片和图钉，由学生自主制作，培养学生动手制作能力。

（3）多样性方法。即提供的实验材料在本质属性不变的前提下宜多种多样。如，在学习长方形和正方形面积时，需要的透明方格纸可利用书法临摹透明纸或透明文件袋进行实验。

数学实验的器材和材料的准备关键在于教师是否具备主动培养学生进行数学研究和动手操作的意识。

2. 利用性的原则

数学实验所需的设备和材料，是可以重复利用的。在实际教学过程中，教师可以把器材分门别类，以便多个实验使用，如建立数学实验器材收纳箱或建立数学实验室。

（1）应用小棒的实验类型。在小学阶段的数学实验中，小棒作为实验材料随处可见。如，低年级中数的认识、数的四则运算等；在多边形的学习中研究多边形的性质和特点等；在学习三角形三边关系时小棒的作用更是直观，在高年级可以借助小棒来进行方程学习；在统计概率的学习中可以利用不同颜色的小棒进行分类统计。总之，在不同领域的数学实验中，小棒是经典的数学实验材料。

（2）正方形应用的实验类型。在学习长方形和正方形的面积中，可利用1cm²的小正方形，引导学生探究长方形与正方形的面积公式；在学习正方体的展开图时，也可利用小正方形进行探究；也可利用磁性积木和方格纸来学习几何图形相关知识。

（3）小球应用的实验类型。在统计概率中，常借助不同颜色的乒乓球来模拟摸球实验；也可利用小球来模拟排队问题以及投篮问题等。

（4）纸板应用的实验类型。纸板在几何图形的学习中应用广泛，使用灵活。如在学习多边形时，学生可进行折叠，动手体验多边形的特点和性质；在学习长方形和正方形关系时，也可借助折纸进行探究。

3. 针对性的原则

在数学实验中，有的材料可以直接使用，有的需要加工使用，有的甚至没有现成的，需要教师根据教学内容自己创造。实验材料一定要与教学内容紧密相关，与教师的教学设计思路相关。

（1）基于教材的衍生加工。数学教学要基于教材，展开一些数学研究性学习和活动。例如，教师组织研究性活动中，要求学生利用纸张搭建桥梁承受重物。经过一周的实验操作，学生自主寻找废旧报纸，把多边形的报纸进行多次的翻折，增加纸张的承受力，最终顺利完成任务。在实验过程中，学生在教师的指导下，自主探究，把已学的多边形知识与动手操作相结合，进一步加深了对知识内容的理解，并应用到实际生活中，提高了学习的成就感和自信心，同时树立了废物利用的环保意识，树立良好的公民道德意识。

（2）基于教材的深加工。小学阶段是数学学习启蒙阶段，在进行数学教学活动时，教师应根据学生的生理规律开展深度教学。如，教学"圆柱的表面积"时，教师让学生课前准备一只纯净水空瓶、一把剪刀、一张长方形废旧报纸。在课堂上，教师先指导学生把空瓶剪成圆柱体形，然后一起探究如何求解圆柱的表面积，充分调动学生的好奇心和求知欲。学生利用废旧报纸沿瓶壁剪成长方形，再沿瓶口画圆，上下两块，计算这三部分的面积之和就得到圆柱体的表面积。在实验的教学过程中，学生互助合作，自主探究，把问题转化为平面图形，体现数学的化归思想。

（三）实施实验教学

1. 实验前计划

（1）制订实验计划。科学严谨、有条理的计划，是实验教学成功的前提。教师应在实验之前，根据教学内容，制订翔实严谨的计划以及突发事件的应对策略，最大限度地避免意外事件的发生，减少对实验教学顺利开展的干扰，保证教学活动的顺利开展和完成。如，教学"圆柱的表面积"中表面的探究实验，需要学生用到剪刀。教师提前通知学生使用圆头形的安全剪刀，而不是尖头形的普通剪刀，避免实验过程中对学生的伤害，保证学生的安全。

（2）制订人员分组计划。一个班的学生人数众多，教师无法完全监督，容易留下安全隐患。根据实验内容，教师可以让学生组合成小组或团体，互相分工，互相协助，这样能既保证实验安全地顺利进行，也能培养学生团队协作的精神。如，可以把学生分成10个小组，每组5人，选一个小组长，负责分配任务，在实验过程中监督成员的行为，保证实验教学的顺利进行，最后汇报实验结果，避免实验过程的杂乱无章。

2. 实验中操作

有了设备和人员的计划后，就进入实验操作的环节。教师把实验内容布置下去，让每个学生明白实验目的和目标，了解实验注意事项，根据自己的想法和方法，进行实验操作。

（1）拟定实验步骤。教师把课前拟定的计划打印成实验步骤书，让学生根据实验的步骤进行操作，并记录相关的数据，为实验报告准备数据支持。如，开展"圆柱的表面积"中的实验，教师课前把需要操作的步骤和记录的数据以表格形式打印好，让学生在操作过程中进行填写，避免学生无的放矢，应付了事，保证实验数据的科学与真实，让学生养成严谨的治学态度。

（2）关注实验过程中的求助。不同的学生的动手能力与思维水平存在差异，有些学生在实验过程中会碰到困难。当困难出现时，教师应及时指导与帮助，避免实验无法进行，打击学生的自信心。因此，教师应时刻关注学生的操作过程，积极引导学生克服困难，顺利完成实验。

（3）重视实验中的团体协作。每个小组的成员都是实验操作的一分子，教师应培养学生团队合作精神，在规则和民主间引导学生分工协作、自主探究，勇于创新，顺利完成实验，得到实验结果。

3. 实验后总结

（1）团队汇报结果。实验操作结束后，每个小组的组长或负责人把本组的实验结果进行汇报，与其他团队进行交流、分享实验心得。数学实验是一个系统化的过程，实验结果固然重要，但实验过程也应关注，引导学生在"做中学""做中思""做中悟"，避免为了迎合实验结果忽略过程。

（2）教师点评。教师对实验者进行评价，不应只关注负责人或汇报者，而应关注团队的每一位参与者，因为对每一位参与者的评价更能激励学生学习的信心，也是对他们参与的肯定。

（3）实验的反思。透过现象看本质，教师应指导学生在实验活动中善于思考，培养学生勤学苦练的精神，帮助学生分析和解决实验过程中各种困难和问题，培养学生严谨的科学态度。

4. 实验教学反思与评估

学生再创造学习数学的过程实际上就是"做数学"的过程，其核心是数学过程再现。数学实验的反思与评估，不是仅关注实验是否成功、学生是否完成教学设计、实验的结论是否正确，而应该在更高的角度来关注是否有助于培养学生数学思考、数学观察、数学运算的能力，是否有助于学生数学知识体系的建构，是否有利于学生数学知识积累并进行数学经验的迁移，提升数学素养。因此，在完成数学实验教学后，教师应引导学生及时总结实验过程的经验与感悟，反思教学过程中的问题与错误，把抽象的数学知识迁移到已有的知识结构中，促进学生对教学内容的理解与掌握。

四、小学数学课堂实验教学的常见变式

（一）基于教材的基础性实验

人和行为都是基于他们在环境中的经历。不同学段的教学内容对学

生的要求是不同的，教师可根据学生的学习情况，指导学生利用多媒体进行学习巩固，提高学习的积极性、主动性，丰富学生自主探索的体验，培养学生不畏艰难的数学精神。如，教学一年级"数的认识"时，教师可借助幻灯片让学生直观理解数学的概念与简单的性质；教学二年级乘除运算时，教师可引导学生通过微课堂软件进行交互式答题，强化学生对乘法口诀表理解和熟记；教学高年级的统计概率时，教师可引导学生利用电子表格软件（Excel软件）进行随机事件概率的模拟，理解概率产生的背景和应用。这类实验方式多用于概念性的教学内容，有利于学生的直观理解与掌握，教学效果明显。同时，教学容量大，教学速度快，容易让学习困难的学生感觉在观看影片，无法跟上教师的教学进度，因此采用该实验方式应结合具体的学情来开展。

（二）基于学生的探究性实验

学生通过自己的努力得到的结论和创造是教育内容的一部分。教师应多引导学生设计实验方案，通过数学实验解决问题，在实验中学数学，让学生亲身体验数学建构的过程，透过数学现象，分析问题，利用数学知识解决问题，逐步发现数学结论，最终理解和掌握数学知识，培养学生数学思维与创造能力，提升学生的数学素养。如，在学习"长方形与正方形的面积"时，学生利用覆盖法、折叠法、拼接法，自主探究长方形与正方形的面积的公式，体验公式的形成过程，更好地理解和掌握面积公式，这样的教学能培养学生的数学思维，提高学生的数学操作与运算能力。如果教师过度放手，让学生自主实验，学习效果可能无法保证。因此，教师应在实验过程中时刻关注与指导学生操作，确保实验的顺利实施。

（三）基于师生合作的综合性实验

认知技能实际上是一些在问题解决过程中应用于特殊事实的抽象规则。小学阶段的数学学习主要是具体数学知识的学习，面对抽象的知识，很多学生不易理解与掌握。教师协助学生寻找问题的症结与原因，进而分析问题产生的原因，指导学生探究解决问题的方法，最终完成教学设计与教学目标。师生共同合作，教学的时间与进度可能会比较长，因此，在实际的实验教学中，教师应控制教学的时间与进度，确保教学计划的顺利完成，保证教学的完整性，实现教学目标。

第四节 阅读教学

——丰富学习动机

小学数学课堂阅读教学法是教师利用学生已有的知识经验，借助数学材料的阅读协助学生完成对数学语言（文字、符号、术语、公式、图表等）的认知和解读，数学概念（定义、性质、规律等）的理解和掌握，数学思维（猜想、证明、推理、应用等）的拓展等。

一、小学数学课堂阅读教学的相关理论

（一）苏霍姆林斯基阅读教学理论

苏霍姆林斯基阅读教学理论包括：①凡是没有学会流利、有理解地阅读的人，就不可能顺利地掌握知识；在小学就应当使阅读达到完善的程度，否则就谈不上让学生自觉地掌握知识；②在讲解大纲规定的教材时，教师应当用大纲以外的知识阐明某些问题，扩充知识。让学生围绕大纲中最难的章节阅读一些扩充知识的书籍，具有极重要的意义。学生在阅读中产生的疑问越多，对教材中新知识的兴趣就越大。对于广泛阅读的学生而言，课堂上所学的任何一个新概念、新现象，都会纳入其从各种书籍里汲

取到的知识体系里去。

识记的材料越复杂，必须保持在记忆里的概念、结论、规则就越多，学习过程的"智力背景"就应当越广阔。换言之，学生要能牢固地识记数学公式、规则、结论及其他概念，就必须阅读、思考过许多并不需要识记的材料。阅读应当跟学习紧密地联系起来。如果阅读深入思考过的事实、现象和事物，是应当保持在记忆里的那些概念的基础，那么这种阅读就有助于记忆，可以称之为给学习和识记创造必要的智力背景的阅读。学生从对材料本身的兴趣出发，从求知、思考和理解的愿望出发而阅读的东西越多，再去识记那些必须记熟和保持在记忆里的材料就越容易。

（二）建构主义相关的阅读教学理论

建构主义认为，学习的实质是认知结构改变和个体主动建构知识的双向建构活动过程。建构主义认为同化和顺应是学习者认知结构发生变化的两种途径。人认知水平的发展，就是一个同化—顺应—同化……循环往复的过程。学习过程不是简单的信息输入、存储和提取，而是新旧知识经验之间的双向作用，包含了由新旧经验冲突而引起的观念转变和结构重组。

学生自主阅读，在某种程度上也可以理解为一种主动的建构，建构的成效与其原有的知识结构相关联，原有的知识经验越丰富，同化和顺应就越顺畅。教师有针对性地收集丰富的阅读素材（针对即将开展的学习内容所选择的背景材料），提供给正要开展相关数学学习的学生进行课前阅读。这样前置性的阅读教学活动不仅有利于激发学生自主探究的欲望，而且能为即将学习的数学知识埋下厚实的基础。创设真实、丰富、生动的问题情境，将生活中与数学阅读相关的材料引进数学课堂，将教材中简单的符号式知识转化为与学生生活背景相关的数学问题，有助于引发学生火热的思考，激发学生解决数学问题和提高数学文化素养的需要，能促使学生将头脑中已有的数学经验同数学问题和知识相联系。

二、小学数学课堂阅读教学的特征

数学阅读教学法是基于学生的知识经验和生活经验，引导学生借助一定的数学材料对数学语言、数学概念、数学思维等进行学习和掌握的教学方式，具备以下典型特征。

（一）以学生经验为基础

教师必须对学习者的已有知识经验、自身阅读水平、建构数学框架能力有所了解，真正为其提供具有"先行组织者"作用的数学阅读材料或者是数学提升类阅读材料。此外，针对不同地区、不同能力的学习者需要准备相应的阅读材料，因此教师应尽可能选择学生能够自主进行阅读的材料。简言之，要选取"适合"的材料，而不是"最优"的材料，而这需要建立在对学情的了解上。因此，数学阅读教学法首要特征就是以学生个体已有的生活、学习经验作为备教要求。

（二）以数学阅读材料为媒介

数学阅读教学法实践过程中需要引导学生大量完成与教学目标相一致的阅读，在一次次阅读中逐步完善自身的知识体系、建立知识框架，同时提升能力。数学阅读材料不仅要具备多样性，满足学生多角度思考的需求，而且要具有趣味性和严谨性，保证在调动学生学习兴趣的同时，不让学习单纯停留在热闹表面，而能够激发学生去思考为什么会有这样的数学现象或者规律等。因此，数学阅读材料的选择也是教师需要重视的地方。

（三）以学生自主学习为要义

数学阅读教学法要求在了解学情和提供素材之后，教师的角色定位应从主导退位到辅助。教师可采用大问题教学，或者材料法教学，或者讨论法教学，将更多的时间和空间交给阅读材料的学生。学生在自主阅读的过程中，通过阅读层次的递进、交流分享的碰撞，逐渐逼近知识，从而系统地掌握知识，提升能力。数学阅读教学法的主要实施者是学生，教学环节推动者也是学生，最终完成学习目标的还是学生，这就是数学阅读教学法的又一大典型特征。

（四）以多维发展为目的

学生通过数学材料的阅读、理解、分析、交流、解惑等环节活动，掌握了相关的知识技能和一定的学习策略。数学阅读教学不仅有助于发展学生个体的阅读素养、数学素养、能力素养、语言素养等多方面的素养，而且有助于发展教师备学情、备教材、寻求资源、创设课堂等多方面的能力，甚至有助于实现学习共同体的数学阅读化和阅读数学化的全新实践途径。数学阅读教学法的目的并不是停留在材料的分析和交流反馈、课堂的生成和追问总结上，而是对学习者和授课者自身发展的新挑战。

（五）以自身独特优势为契机

除典型特征外，数学阅读教学法自身在实践过程中也充分展示了其独特的优势，具体如下。

（1）丰富学习动机，即除了完成学习目标或者同伴间的竞争动机外，加入了材料阅读的兴趣动机、知识网络构建动机等。

（2）转变教学方式，即对比与讲授、练习、总结"三部曲"的传统教学方式，其更多地让学生以课堂主人的身份自主地完成学习活动，学生的自学、议学、愿学占了重要地位。

（3）助力师生互动，即教师不再以主讲人的身份存在于课堂，而是作为学生阅读材料过程中的协助者辅助学生完成学习目标。师生的互动是在材料初读、问题剖析、材料补充、结论完善等多环节的行进中完成良好的供需体验。

（4）聚合语言系统，即除了一般的文本阅读，数学阅读还补充进了计算阅读、符号阅读、问题阅读、图表阅读等，丰富了文字表达的同时将数学本身的简洁美、科学美、逻辑美带入学生的语言系统。

（5）拓宽纵横视野，即大量数学材料根据学习者个体的不同能力差异组成了全新的信息网，让学生了解某一知识点的相关起源、发展和现状外，补充了许多与之平行发展的相似理论，这些都在一定程度上拓宽了学习者以及授课者（材料收集者）的知识视野。

三、小学数学课堂阅读教学的实施

（一）小学数学课堂阅读教学的素材选择

数学阅读教学法的实施离不开数学阅读材料，数学阅读材料应具备多样性、综合性、连续性、差异性。

1. 多样性、综合性

如果只提供单一的数学材料或者相似的数学材料，没有多角度、多层次地提供与该数学材料相近或者容易混淆的数学知识，学生的数学学习就容易变成点状的学习，很难形成相应的数学知识体系或者导致概念间的上位下位模糊不清。因此，教师应尽可能选择多样、综合性的数学材料，多维助推学生构建知识网络。

2. 连续性

数学是一门对逻辑非常讲究的学科，教与学的过程都应该重视知识、能力的螺旋上升。因此，课堂提供的数学阅读文本必须具有连续性。

3. 差异性

教育就是经验的改造或改组。数学经验在小学生数学阅读中具有重要的教育教学价值，是奠基数学阅读教学的基础、搭建数学阅读认知结构的阶梯和创设数学阅读情境的前提。选择数学阅读材料的时候要充分重视学生已有的数学经验，根据学生间、校际间、城区间的差异提供不同的数学阅读材料。

因此，选择阅读素材一定要充分重视数学素材的多样性、综合性、连续性、差异性，这也要求教师在平时就要做好相关素材的积累、注重素材与素材间、知识与知识间的联系，并注意学生的已有经验和阅读倾向。

（二）小学数学课堂阅读教学的表达形式

数学阅读是数学语言的阅读，数学语言一般包括数学符号语言、数学文字语言和数学图表语言。其中，数学文字语言是数学化了的自然语言，减少了自然语言的模糊性而强化了数学文字语言的严谨性，如直线、线段、射线、直角、锐角、钝角等；数学中的图表语言包括图形语言、图像语言和表格语言，是小学数学语言中的直观性语言，结合了数学符号、概念和公式等共同承载着一定的数学意义，小学生数学图表语言的阅读就是将图表中蕴含的数学信息进行提取、加工、归类、推理和归纳演绎的过程。数学符号按照其形成和发展的表现形式的不同，一般可以归纳为三类：第一种是象形符号；第二种是缩写符号；第三种是约定符号。因此，阅读不能停留在对传统汉字的理解上，还应该更多地融入对数学自身语言系统的解读。小学生处于初建数学语言符号化意识的阶段，教师一定要正面给予指导和讲授，并提供文本阅读、计算阅读、问题阅读、图表阅读等方法，要求学生对该阅读方法做一定经验的积累，以便后续进行更加复杂化的数学阅读。

（三）小学数学课堂阅读教学的阅读方法

相较于一般文本的预读、泛读、议读、精读、复读等读法，数学阅读教学法在应用过程中更加注重精华式阅读、对比式阅读、标注式阅读、转换式阅读、讨论式阅读等。精华式阅读，即在原来的文本中去掉一些干扰的条件；对比式阅读，即将多个概念放在同一堂课进行对比，在寻求异同的过程中找到各自的典型特征和将概念间的联系建立以及顺利区分开多个不同概念，更好地完成数学辨析；标注式阅读，即在阅读过程中圈画关键词，注意数与量的区别、信息变化等，迅速判断文本重难点；转换式阅读，即将文字、符号、图表等进行灵活转换；讨论式阅读，即围绕知识点展开有目的对话、思考、追问、推敲、完善。教师需要根据不同的阅读方法教会学生更好地进行数学材料的阅读，而数学阅读方法的教学也是数学阅读教学法的关键所在，需要教师在平时用方法、教方法、归纳和积累方法。

（四）小学数学课堂阅读教学的类型策略

1. 情境化阅读

小学生数学阅读中的数学情境分别指向数学知识或思想的"过去""现在"和"未来"，亦即表征数学知识或思想"从哪儿来""现在在哪儿"以及"到哪儿去"，分别为小学生的数学阅读提供了"生长点""立足点"和"延伸点"。只要数学阅读情境的创设能契合小学生不同学段的认知发展规律，遵循数学学习的特征，那么使用数学阅读教学法就是非常合适的。

2. 经验化阅读

小学生的基本数学经验有直接的数学经验、间接的数学经验、设计的数学经验和思考的数学经验。依据建构主义理论，小学生不是数学事实性知识的消极接收器，阅读是建立在自身经验基础之上的，不仅仅是显性数学符号化知识的套用和演练，而是蕴含着数学精神、数学思想、数学方法和数学价值观念在个人经验基础上的意义建构，其实质是小学生通过数学阅读促进数学素养的全面发展。因此，根据不同阶段学生的经验进行合理化的阅读取材非常有必要。

3. 数学阅读评价策略

任何教学法都离不开课堂评价的使用，好的评价方法能帮助教学法达成使用目的。数学阅读教学法也不例外，在实施过程中需要使用大量的自评、他评、师评。首先，要鼓励学生自评。学生通过对阅读活动中阅读情绪、方法、兴趣、习惯、收获等的自我评价，可以客观地认识自己在阅读过程中的表现，体验到阅读的成就感。其次，要适时加入师评。师评不用太多，要能促使学生及时调整阅读的状态和方法，激发学生的阅读动机，或提示其他同学榜样的示范性。最后，要进行必要的生生互评。在阅读教学的过程中，学生对其他同学的阅读态度、方法、结果等方面发表自己的意见和建议，不仅易于被同龄人接受，而且能加深对自己的认识，促进对阅读深度、广度以及阅读能力的提升。因此，教师要注意评价的时机和评价的落脚点，将评价权还给学生，真正发挥课堂评价的优势。

数学阅读教学离不开阅读素材本身的选择和形式，需要注意材料的多样性、综合性、连续性、差异性以及文本阅读、计算阅读、问题阅读、图表阅读之间的相互转译；离不开学习者个体和集体的经验和能力，需要注意学习者的知识建构体系和学习方法积累；离不开授课者的数学阅读方法教学、数学阅读环节设计、课堂阅读评价方式，需要灵活运用对比式阅读、标注式阅读、转换式阅读、讨论式阅读、总结式阅读。只有勇于实践，巧妙结合自身教学特点、校情生情、区域特色，才能真正用好数学阅读教学法。

四、小学数学课堂阅读教学的常见变式

小学数学课堂阅读教学的常见变式以大问题导读法为例。大问题导读法即为数学阅读教学法常见的变式之一。大问题导读法即学生在明确学习目标之后，通过对所要学习知识的主要概念或者理论结合自身实际提出一系列的相关大问题，再立足于这些问题寻求阅读素材，主动阅读素材并从中增加对主要数学概念知识理论的理解和掌握。大问题导读是让学生自主去发现和主动提出并解决问题的一种教学方法，其发展有赖于学生对最近发展区的自我探索，其实施过程中需注意三方面的问题，具体如下。

（1）大问题导读法对学生主体能力要求较高，建议教师平时加强对学生提出问题能力的训练。针对一个主要知识点和概念，教师可以从"是什么、为什么、怎么样、在哪里、什么时候"等角度引导学生提问。类似问

题还有"为什么会产生、有什么好处、什么条件下可以使用、使用的过程中和其他相近的概念有什么不一样的地方"。这样一系列的问题，能让学生对某个知识点产生兴趣并主动搜集和阅读相关的材料，再通过材料的阅读、分析、整合、归纳，得出相应问题的答案。

（2）大问题导读法对学生获取信息资源的渠道有一定要求，学生需要书籍、数据图表工具、网络信息等多方获取资料的途径和能力。学生必须对哪里能借阅到相关书籍和查找到相关资料有所了解，并确定这些途径都能在一定时间对公众开放。

（3）大问题导读法对教师的作用不是削弱而是前置。教师看似将阅读的问题支架交由学生去设计，但其实学生发现和提出问题、解决和归纳答案都需要教师在平时教学中潜移默化地对学生进行指导。

当然上述的大问题导读，很大程度上依托于学生自身的数学积累和提问能力，这些问题的设计和提出，解答和归纳的过程对学生个体自学、探究能力的提高无疑具有非常大的帮助。数学阅读教学本身就是定位在让学生利用自身学习能力完成数学阅读，进而发展到主动完成数学应用和数学创新，其形式多样而丰富，也让数学慢慢走到学生心中去。

第五节　有效提问教学

——助力师生互动

　　有效提问需要教师根据教学内容和目标，由易到难，由浅至深，合理地设置问题，进行提问，实现师生之间有效互动。在提问的过程中，教师提出精心设计的问题，学生通过思考进行问题的解决，这个过程中，学生的思维能力也得到了训练，对于小学数学课的教师而言，有效提问能够促进学生对于数学重难知识的掌握，更加有效地达到小学教学目标。

一、小学数学课堂有效提问的作用

　　提问是小学数学教师经常使用的教学手段，提问中引导学生积极参与。学生经过思考以及解答教师提出的问题，能更有效地掌握教师教授的知识，小学数学教学课堂的效果和质量都能够得到提升。

（一）有效提问能够增强交流，激发学生学习兴趣

　　小学数学课堂教师提出的问题，能让学生增加课堂注意力，以及明确课堂教学内容；教师提出的问题，是符合本节数学课教学目标的；符合学

生现阶段知识水平。学生为了解答教师提出的问题，会积极主动思考，能反映出学生真实的理解和掌握程度。有效提问是在小学数学课堂中实现了师生之间有效的交流沟通。能激发学生对小学数学的学习兴趣，促进自身数学成绩与能力的提升。

（二）有效提问能引发思考，启迪智慧

"须教有疑"就是有效提问的教学手段，在教学的过程中通过设置一些问题，促使学生进行思考，在思考过程中，发现问题，发现自己当时解决不了的疑惑，教师给予适时的有效提问和引导，促使学生主动去思考、去探究，这是一个有效的课堂教育环节。教师对学生知识的掌握情况以及学生有顾虑的地方，都能及时了解，并且给予一定的解答。在小学数学教学课堂中教师进行有效提问，这个过程能让学生进行有效的思辨，激发学生的思维能力。

（三）有效提问能及时、简洁地反馈信息

提问内容是根据课堂的教学内容、目标提出的，学生的回答能及时、准确地反馈出学生所掌握的真实情况。这种有效提问具有及时性、准确性、具体性和简洁性。为达到更好的效果，教师在设计问题的时候，需要综合各方面的因素，反复斟酌提问的问题，争取能调动学生的积极性。

（四）有效提问能集中注意，强化记忆

教师要以学生为主体开展教学，能提高学生的学习效率与质量。学生在问答过程中注意力比较集中，而在听讲时注意力易发生转移，这和小学生年龄的特征有直接的关系，学生的注意力一般是有兴趣驱使，有效的提问能够激发学生在课堂上的注意力。因此，教师通过一个个由浅入深、循序渐进的"问号"来钳住学生注意力，从而来提升学生主动学习的意识，强化记忆，收获良好的教学效果。

二、小学数学课堂有效提问的策略

经过教育模式与教育方式的不断改革创新，教师不再是课堂教学的主体，现阶段要突出学生在小学数学课堂的主体地位，教师在开展课堂的过程中，通过设置提问环节，从而引导学生积极参与，否则，学生主动思维的发展受到限制，经过改革教师意识到这个问题，在当前的教改下教学课堂开展时，小学数学教学中，教师通过提问的方式，调动学生的参与兴趣，关键在于教师提出问题的有效性，因此小学数学课堂有效提问的策略具体如下：

（一）提问和教学目标要相契合

课堂有效提问，能够使学生知晓学习的重难点知识，能提升学生学习的积极性。教师需要在教学备课的环节，结合教学的目标，设计出具有针对性和目标性的问题；教师要注意在小学数学课堂提问的时机，另外教师提问的技巧也很重要。提出的问题能够引发学生思考并能够解决，促进学生思维的提升，引导学生主动地提出问题。教师所提问题要紧紧围绕教学目标，突出重、难点，反复推敲所设计的问题，使课堂提问有明确的目的性。

（二）提问和情境要相契合

依托情境恰当地提问，使情境发挥出最大的价值，这时的情境不仅仅是新课讲解前几句简单的导语，更是学生展开数学思考的引导过程。

（三）提问和时机要相契合

教师的教学效果，不在于把全部的教学知识全部都教给学生，而是取决于教师能不能把握合适的教育契机，有效地传授知识，引导学生思考并掌握。因此，教师首先应当看准时机，适时提问；其次及时抓住课堂生成进行追问，碰撞学生思维的火花。与此同时，小学数学教师在开展教学课堂提问的环节时，还需要掌握一定的技巧，就是允许学生思考，回答问题，一定是结合思考，运用相关的知识，组织适当的语言，才能进行回答，这就是进行深刻的思考学习。我们应该留给学生适当的考虑时间，能够有效地促进学生回答的准确性与创造性的开发。

　　小学数学课堂中的提问，是一个比较考验教师对于课堂教学开展的综合把控的能力，这个循序渐进的过程，教师要明白，在教学的过程中，不断完善设计提问的问题和提问的方式，还要不断地反思教学过程和效果，结合教学理念，做到有效提问，提高教学效果。

第五章

生活化教学方式的意识形态

第一节　能力激发

——小学数学课堂生活化教学的意义

小学数学是一门与人类生活以及社会发展紧密相连的学科，正是现代社会与文化知识水平的飞速发展使得数学知识更多地运用于我们的生活之中。小学数学教学应注重学生的主体地位以及实际生活，这样能够为实施小学数学生活化教学奠定充足的理论基础。小学数学课堂生活化教学的必要性主要表现在以下方面。

一、有利于提高学生数学能力

小学数学生活化教学对学生数学能力的提高有着至关重要的作用。现在多数教师与学者认为，数学生活化教学有助于学生创新能力的发展，有助于学生数学兴趣的激发，有助于学生数学能力的提升。因此，如何正确地看待数学生活化教学就变得尤为重要。

二、具有理论和现实意义

（一）理论意义

生活化教学在当今教学中起着重要的作用，随着数学课程改革的深入推进，使越来越多的人意识到了生活化教学的重要性。但是目前仍有部分教师不能正确地认识数学生活化教学的含义，以至于在数学教学中出现一些问题，数学课堂也未能取得理想的教学效果。因此，对数学生活化教学的认识以及数学知识与实际生活两者关系的正确理解是非常必要的。

（二）实践意义

小学数学生活化教学强调了数学教学与实际生活之间的紧密联系，有助于改善当前教学与生活相脱离的现状，有助于促进教师教学能力与专业水平的提升。小学数学生活化教学，有助于提高学生发现与探究问题的能力，促进学生创新意识与应用能力的提升，对学生数学素养的提高有很大帮助。

第二节　促进教学效果

——小学数学课堂中生活化教学模式实施

　　随着新课程改革的不断深入，做好课堂教学模式创新，让知识回归本质，对于小学数学教育工作至关重要。对于数学知识而言，生活是孕育及其成长的主要环境，因此设计以生活为基础的课堂教学模式很有必要。另外，从学生的认知角度来看，生活化教学模式符合他们的兴趣需求，这能让学生以更好的状态与教师进行课堂互动，这对于提升课堂教学效果起到了关键性作用。

一、以生活化课堂导入，激发学生兴趣

　　从数学知识角度考虑，想要实现对生活化教学模式的有效应用，就必须要做好以生活化为基础的课堂导入，因为课堂导入是课堂教学的开端，其质量会直接影响整个课堂教学工作的进行。所以，做好以生活化课堂为导入，实现对学生的学习兴趣激发至关重要。

　　例如，在进行"观察物体"一课的教学导入时，可以为学生准备生活中的真实物体，如墨水瓶、橡皮、铅笔等。在课堂导入时，将这些物体

的一个面呈现给学生，如将铅笔的尾部呈现给学生，让学生只能看到一个面，然后让他们进行猜想，生活中这种形状的物品有哪些。之后，可以将铅笔调换一个方位，再让学生进行观察。学生可以发现圆形变成了长方形，而且是细长、细长的长方形。于是再让学生猜想是什么，最后揭晓答案，学生会发现是一支铅笔，进而提高学生的兴趣，最后告诉学生们每一个物体都有很多个面，想要确定具体形状，就一定要先做好对物体的全面观察，不可仅仅通过某一个方面的观察就妄下定论。

二、以生活化课堂教学，提升学生体验

以生活化课堂教学为基础的数学课堂，是提升学生课堂学习体验、促进课堂教学效果提高的重要方式。在实际教学过程中，教师想要达到理想的课堂教学效果，就必须要保证学生能够全面了解和掌握知识，但对于心智尚未成熟的小学生而言，数学知识明显存在一定的难度，这会让学生在学习过程中遇到一定的困难，并影响他们的积极性。但当教师可以将生活素材融入课堂中时，数学知识就能够以新颖、丰富的方式予以呈现，这不仅可以营造出良好的学习环境，还能够提升课堂教学质量，小学数学课堂教学工作由此进入高效状态之中。

三、以生活化体验训练，培养学生素养

在小学数学课堂教学中，生活化素材的应用必须要以学生的认知行为能力为基础，因此，教师必须要考虑到小学生有限的思维水平和行为能力，以生活化体验为基础的训练模式可以采取生活情境模拟和真实生活体验两种，具体的设计由教师根据课堂教学需求予以判断。

例如，在进行"千克、克、吨"的学习后，教师可以带上多种不同的秤到班级中，其中一杆是厨房秤，可以为学生准备苹果、橘子等水果，让他们猜一猜这些水果多少克，然后用秤进行测量，猜测重量最接近的学

生获得这个水果。在该游戏模式下，学生们会表现出浓厚的参与兴趣。在此基础上，还可以利用体重秤对学生进行体重测量，让他们了解自己的体重。在活动进行中，教师让学生对水果的重量、自己的体重等进行换算，由此来进一步巩固学生对课堂知识的学习和记忆效果，为他们的数学素养构建带来助力。

小学数学课堂教学的生活化应用是具有创新意义的教学选择，其不仅丰富了课堂教学模式，更让数学知识回归到了本质状态，这让学生感受到了数学知识与生活的关联，并学会运用数学知识去解决生活问题，以数学思维去观察和分析生活现象，学生的学习观念由此得以树立。除此以外，生活化教学模式的应用，能够改变传统的数学课堂教学模式，这可以培养学生的数学素养，并让新课程改革目标进一步落实，小学数学素质教育目标由此得以实现。

第三节　独立思考

——小学数学课堂生活化教学的创新意识

一、小学数学课堂生活化教学创新意识解读

（一）创新与创新意识

当今社会，创新是一个出现频率比较高的词语，是指在特定的环境中，以现有的知识和物质改进或创造新的事物，并能获得一定有益效果的行为。创新是以新思维、新发明和新描述为特征的一种概念化过程，思维蓝图的外化、物化。

1. 创新的特征

创新具有五个方面的特征。

（1）目的性。任何创新活动都有一定的目的，这个特征贯穿创新过程的始终。

（2）变革性。创新有事物的改革和革新，是一种深刻的变革。

（3）新颖性。创新是为了满足社会需求，或是用新的方式更好地满足原来的社会需求。

（4）超前性。创新以求新为灵魂，具有超前性。这种超前是从实际出

发、实事求是的超前。

（5）价值性。创新有明显、具体的价值，对经济社会具有一定的效益。

2. 创新意识

创新意识是指人们根据社会和个体生活发展的需要，引起创造新的观念的动机，并在创造活动中表现出的意向、愿望和设想。它是人类意识中一种积极的、富有成果的表现形式，是人们进行创造活动的出发点和动力，是创造性思维和创造力的前提。

创新意识包括创造动机、创造兴趣、创造情感和创造意志。创新意识具有以下三个方面的作用。

（1）创新意识是创新能力的精神力量。创新意识是决定一个国家、民族创新能力最直接的精神力量。当前，创新能力就是国家、民族发展能力的代名词，是一个国家和民族解决自身生存和发展问题能力大小的客观标志。创新能力实际就是国家、民族发展能力的代名词，是一个国家和民族解决自身生存、发展问题能力大小的最客观、最重要的标志。

（2）创新意识是推动社会进步的重要力量。创新意识促成社会多种因素的变化，推动社会的全面进步。创新意识根源于社会生产方式，它的形成和发展必然进一步推动社会生产方式的进步，从而带动经济的发展，促进上层建筑的进步。创新意识进一步推动人的思想解放，有利于人们形成开拓意识、领先意识等先进观念。这些条件反过来又促进创新意识的扩展，有利于创新活动的进行。

（3）创新意识是人才培养的重要目标。创新意识能促成人才素质结构的优化，提升人的竞争力。创新意识实质上确定了一种人才标准，代表着人才素质变化的性质和方向，传达着一种重要的信息——社会需要充满生机和活力的人，有开拓精神的人，有新思想、道德素质和现代科学文化素质的人。它客观上引导人们朝着这个目标提高自己的素质。

（二）小学数学课堂创新意识的必要性

数学发展史就是一部生动活泼的创造史，整个数学大厦就是一座充满创造活力的大殿堂。在数学知识的诞生、数学理论的应用过程中，人们萌发着创造的思想，产生着创造的方法，孕育着创造的意识，培养着创造的能力。因此，世界各国的基础教育都很重视利用数学课程来培养学生的创新意识。

我国数学课程的纲领性文件曾多次明确提出培养学生的创新意识。《九年义务教育全日制小学数学教学大纲（试用修订版）》明确提出，小学数学要从小给学生打好数学的初步基础，发展思维能力，培养创新意识、实践能力和学习数学的兴趣。《全日制义务教育·数学课程标准（实验稿）》在总体目标中指出，学生能够具有初步的创新精神实践能力。《义务教育数学课程标准（2011年版）》明确阐明创新意识的教学要求：创新意识的培养是现代数学教育的基本任务，应体现在数学教与学的过程之中。学生自己发现和提出问题是创新的基础；独立思考、学会思考是创新的核心；归纳概括得到猜想和规律，并加以验证，是创新的重要方法。创新意识的培养应该从义务教育阶段做起，贯穿数学教育的始终。

（三）小学数学课堂创新意识的课程基点

1. 提倡做数学的学习过程

数学课程是培养学生创新意识的有效途径之一。数学界有一个共识，学好数学的有效途径是"做数学"。"做数学"的初级阶段就是在学习教材基本内容的基础上多做习题，包括独立地做一些较难且有启发性的习题。因为教材往往没有给出习题解答的过程，这就需要学习者自己去寻求问题的解法。这种训练实际上就培养了创新意识。"做数学"的高级阶段指的是像数学家研究数学一样进行数学的思考和创新，在小学阶段可以理解为学生思考新的数学问题和用数学解决生活中的现实问题。

2. 学习数学家创造数学的经验

小学生学习数学既要学习数学家群体创造的数学知识与技能，更要学习数学家在创造过程中体现出来的创新意识和思想方法，为自己今后的创造活动奠定基础。小学阶段的数学教学应该认真组织学生参与数学活动、从事数学探究、进行数学交流、开展数学操作，在做数学中学数学，在数学实践中理解数学。学校与教师要尽力创设一种良好的数学学习氛围及生动有趣的数学情境，让学生积极地进行数学探究与主动从事数学发现活动，让他们从实际生活中分析数学现象，从数学情境中提出数学问题，对数学问题进行探索解答，对已有的数学结论进行检验与应用。

二、小学数学课堂生活化教学创新意识培养

（一）培养小学数学问题意识

问题意识是指学生在认识活动中遇到一些难以解决的、有疑惑的问题时，产生的一种怀疑、困惑、猜测、探究的心理状态。它将激发学生的积极思维，使学生不断地提出问题、解决问题。问题意识是思维的起点，没有问题的思维是肤浅的、被动的。在学习活动中，学生只有意识到问题的存在，感到自己需要问"为什么""是什么""怎么办"，才能产生思维的火花。学生的问题意识越强烈，思维就越活跃、越深刻、越富有创造性。

问题意识的表现：好奇，喜欢探究不了解事物的心理状态，遇到新奇事物或处在新的外界条件下所产生的注意、操作、提问的心理倾向；怀疑，对周围事物和现存的观念、方法持批判的态度，敢于提出新的问题，突破传统观念，创立新说；困惑，在某一情境中出现的困惑状态，也是一种"愤""悱"状；探究，喜欢探个究竟、寻找为什么的心理状态，常常表现为积极思索和引发思考。

为了培养小学生的问题意识，教师要引导学生善问。为此，应在课

堂上给学生提供适当的点拨、示范，指导学生提问的方向和思考问题的途径，教给学生正确的质疑方法，并教给学生变更、拓展、引申问题的方向。在教学设计上，教师应多给学生一些探索、猜测的空间，鼓励学生质疑、不盲从，勇于发表自己的观点，课堂上学生有了思维的碰撞，就会产生新的想法和观点；营造一个以问题驱动的学习环境，让学生在这样的环境中活跃思维，开阔思路，能自主地发现问题、提出问题。此外，教学要留有思考空间，让学生合理猜想，合理想象；同时，要充分发挥元认知监控的作用，鼓励学生对自己的行为进行反思、质疑，引导学生进行发散性思维，逐步培养学生的问题意识。

（二）进行小学数学教学独立思考

独立探究思考是指人们在社会生活与实践中自主进行能动思维的过程。这种探究思考不依赖他人的意志、不受他人干扰，是个体自主对某些问题进行较为深刻、周密的探究的思维活动。这是一种综合性的能力，需要个体摆脱思维定式，针对具体问题具体分析，以独特的视角观察事物，发现和提出新颖的问题，并进行研究活动，创造性地分析和解决问题。

教师要善于在具体"做数学"的活动过程中根据学生的实际情况教给学生一些探究的方法，使学生逐步学会进行数学的思考，并积累数学活动经验。教师要重视"综合与实践"内容的教学，充分发挥其"以问题为载体、以学生自主参与为主"的特点和功能，让学生经历观察、猜想、实验、归纳、抽象、概括等多样性的活动，经历发现问题、提出问题，进而分析问题、解决问题的全过程。

（三）归纳—猜想—验证

"归纳—猜想—验证"就是在观察分析个别或特殊事物发展规律的基础上，归纳其中隐含的信息，猜想其发展的一般或普遍的规律，在初步验证猜想正确的基础上给予严格的证明，从而解决问题、得出结论。在数学中，很多重要结论是人们采用"归纳—猜想—验证"的形式发现和证明

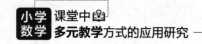

的，而且这个过程也比较符合小学生的思维特点与认知规律。

　　"归纳—猜想—验证"模式的关键在于引导学生提出猜想，重点在于对猜想进行论证，进而得到正确的结论。在猜想阶段，教师可以将相近或者相似的事物放在一起，让学生寻找它们相近的特征，运用类比的方法合情推理；也可以就特殊、个别、有限的情况进行分析，探索其中蕴含的规律，运用归纳的思想寻求普遍的规律。在验证阶段，教师可以由一般到特殊，由浅入深地解决问题；调动学生学习的热情，集思广益，从不同的角度反复思考，逻辑严密地证明问题。

第四节　联系生活

——小学数学课堂生活化教学的应用意识

社会的发展使人才培养的要求越来越高，素质教育对学生的全方位发展提出了要求，主张用一种更为高效的学习方式，而抛弃原本效率低的学习方式，从而培育出创新型的人才。小学数学是小学阶段的基础课程之一，学生通过对小学数学的学习，可以培养思考问题的能力和一定科学素质。因此，小学数学也要遵循社会发展的规律，主动抛弃原始传统的教学方式，运用符合时代和学生发展的新的教学方式。

数学应用意识是个体主动地从数学的角度观察事物、阐述观点、分析问题，用数学的知识、语言、思想方法来理解、表达和解决各种问题的积极的心理倾向，是个体精神层面的意向活动。因此，数学应用意识从本质上理解是一种认识活动，属心理学中意识的范畴。简单而言，当个体能应用数学的知识、思想、方法（策略）去解决问题，并伴随有相应的积极行为时，也培养着数学应用意识。

《义务教育数学课程标准（2011年版）》从两方面对应用意识的含义做出了阐述：一方面有意识利用数学的概念、原理和方法解释现实世界中的现象，解决现实世界中的问题，这是一种主动"用"数学的意识，其指向是"数学知识现实化"；另一方面，认识到现实生活中蕴含着大量与数量和图形有关的问题，这些问题可以抽象成数学问题，用数学的方法予以解决，这是对现实中的现象主动进行数学抽象的意识，其目标指向是"现实问题数学化"。对学生应用意识的培养，要注重在这种双向联系贯通的路径中，使学生逐步形成一种"由数学看现实，由现实想数学"的意识和习惯。

一、应用意识的表现与特性

（一）应用意识的表现

数学应用意识是个体对数学应用的认识以及由此引发的情感和动机，是个体进行相关数学应用活动的内在制约力量。

数学应用意识通常表现在三个方面：①数学应用认识：包括个体对数学应用主要表现的认识；②数学应用体验：是个体在应用数学过程中和结束后所表现出来的具体情感反应；③数学应用动机：是指个体遇到具体问题时应用数学的心理倾向和态度。这三个方面相辅相成，互为联系。其中，数学应用认识是个体数学应用意识的核心，数学应用动机是数学应用意识产生的前提。

（二）应用意识的特性

根据数学应用意识的内涵、外延以及主要表现来理解，它具有主动性、广阔性、丰富性、多样性和创造性五个特性。

1. 主动性

指学生在遇到问题时，能够站在数学的角度，积极运用学到的有关于数学知识内容、思维、手段等，调动自己的思维能力和主观能动性解决问题。

2. 广阔性

指学生自身可以意识到应用数学在生活中无处不在的现象，数学应用具有广阔性，是以感知为中心，经过简单的思索来实现的一种思考方式。

3. 丰富性

指学生自身通过运用数学知识内容，思维手段等解决实际问题时，会产生复杂的、多种多样的情感。

4. 多样性

其一，指学生在面对老师设计的疑难时，可以与自己的认知和生活结合起来解决问题，给出自己的恰当的答复；其二，指学生可以根据老师所传授的数学知识，联系生活，从而形成各种仁者见仁，智者见智的有建设性的数学问题。

5. 创造性

指在学习数学知识过程中，接受新的内容时，学生可以联系新的数学内容背后隐藏的知识背景，学会灵活利用所学的新知识，从更深层次去探索其在实际生活中的应用价值，认识到数学应用的广泛性。

二、数学课程中的应用意识

（一）我国数学课程中的应用意识

1. 我国数学课程中应用意识的提出与发展

我国古代数学课程就非常注重数学应用。古代数学专著《九章算术》由246个应用题组成，分属于方田、粟米、衰分、少广、商功、均输、盈不足、方程、勾股九章，注重从生活实例出发研究数学的概念原理，"数术"之传，以实为体强调数学应用与实践。

当前，中国数学教育虽将实用功利性目标与形式理论性目标并提，但仍着眼于应用层面。1948年公布的《算术课程标准》规定，教学应引起学者对于自然界及社会现象都有数学的认识和考究，认识数学本身之价值及其与日常生活之关系，数理之深入与应用之广阔。

1952年，我国《小学算术教学大纲（草案）》指出：要训练学生稳健地应用数学去解决在日常生活、社会经济及自然环境中所遇到的有关形与数的实际问题。1952年，我国著名数学家陈建功在《二十世纪的数学教育》一文第一部分论述了支配数学教育目标、教材和方法的三大原则：实用性原则、理论（逻辑）原则、心理原则。《二十世纪的数学教育》一文对"实用性原则"解释道：数学在日常生活中已见其有使用价值……不但如此，数学也是物质支配和社会组织之一武器，对于自然科学、产业技术、社会科学的理解、研究和进展，都是需要数学的。

1959年，我国著名数学家华罗庚在《人民日报》发表文章，阐述宇宙之大、粒子之微、火箭之速、化工之巧、地球之变、生物之谜、日用之繁，无处不用数学。

20世纪80年代，我国《九年制义务教育全日制小学数学教学大纲（初审稿）》规定运用所学知识解决简单的实际问题，但实际教学往往重理论技能，轻学生思考，解决实际问题较少。1993年，把数学应用纳入高考数学试题，数学应用从此逐步得到重视。2001年，《全日制义务教育数学课程标准（实验稿）》提出"加强数学与生活的联系"的重要理念，强调培养学生具有较强的数学应用意识，并在课程上设置"实践与综合应用"领域。2012年，《义务教育数学课程标准（2011年版）》公布，重点提出"应用意识"的核心概念，在课程上设置"综合与实践"领域。

2012年至今，又经过数年的发展，多数学者在应用意识的教育上认为要准确把握"生活化"和"数学化"的关系。"生活化"不应该冲淡数学课程本身的"数学味"，把数学课上成其他课，"种了别人的田，荒了自家的园"。既要明确反对数学教学完全脱离学生的生活实际，又要注意防止以"生活化"完全取代数学教学所应具有的"数学味"。

2. 相关文件当中的应用意识

此处以《义务教育数学课程标准（2018年版）》中的应用意识为例进行探讨。课程内容要反映社会的需要、数学的特点，要符合学生的认知规律。因为数学课程内容不仅包括数学的结果，也包括数学结果的形成过程和蕴含的数学思想方法。课程内容的选择要贴近学生的实际，有利于学生体验与理解、思考与探索。课程内容的组织要重视过程，处理好过程与结果的关系：要重视直观，处理好直观与抽象的关系；要重视直接经验，处理好直接经验与间接经验的关系。课程内容的呈现应注意层次性和多样性。

学生学习应当是一个生动活泼的、主动的和富有个性的过程。认真听讲、积极思考、动手实践、自主探索、合作交流等，都是学习数学的重要方式。学生应当有足够的时间和空间经历观察、实验、猜测、计算、推理、验证等活动过程。教师教学应该以学生的认知发展水平和已有的经验为基础，面向全体学生，注重启发式和因材施教。教师要发挥主导作用，处理好讲授与学生自主学习的关系，引导学生独立思考、主动探索、合作交流。

按学段分层，《义务教育数学课程标准（2018年版）》中的应用意识包括以下内容。

（1）第一学段（1—3年级）数学课程应用意识。

知识技能方面：①经历从日常生活中抽象出数的过程，理解万以内数的意义，初步认识分数和小数；理解常见的量；体会四则运算的意义，掌握必要的运算技能，能准确进行运算；在具体情境中，能选择适当的单位，进行简单的估算。②经历从实际物体中抽象出简单几何体和平面图形的过程，了解一些简单几何体和常见的平面图形；感受平移、旋转、轴对称现象；认识物体的相对位置；掌握初步的测量、识图和画图的技能。③经历简单的数据收集、整理、分析的过程，了解简单的数据处理方法。

数学思考方面：①在运用数及适当的度量单位描述现实生活中的简单现象，以及对运算结果进行估计的过程中，发展数感；在从物体中抽象出几何图形、想象图形的运动和位置的过程中，发展空间观念。②能对调查过程中获得的简单数据进行归类，体验数据中蕴含着信息。③在观察、操作等活动中，能提出一些简单的猜想。④会独立思考问题，表达自己的想法。

问题解决方面：①能在教师的指导下，从日常生活中发现和提出简单的数学问题，并尝试解决。②了解分析问题和解决问题的一些基本方法，知道同一个问题可以有不同的解决方法。③体验与他人合作交流解决问题的过程。④尝试回顾解决问题的过程。

情感态度方面：①对身边与数学有关的事物有好奇心，能参与数学活动。②在他人帮助下，感受数学活动中的成功，能尝试克服困难。③了解数学可以描述生活中的一些现象，感受数学与生活有密切联系。④能倾听别人的意见，尝试对别人的想法提出建议，知道应该尊重客观事实。

（2）第二阶段（4—6年级）数学课程应用意识。

知识技能方面：①体验从具体情境中抽象出数的过程，认识万以上的数；理解分数、小数、百分数的意义，了解负数的意义；掌握必要的运算技能；理解估算的意义；能用方程表示简单的数量关系，能解简单的方程。②探索一些图形的形状、大小和位置关系，了解一些几何体和平面图形的基本特征；体验简单图形的运动过程，能在方格纸上画出简单图形运动后的图形，了解确定物体位置的一些基本方法；掌握测量、识图和画图的基本方法。③经历数据的收集、整理和分析的过程，掌握一些简单的数据处理技能体验随机事件和事件发生的可能性。④能借助计算器解决简单的应用问题。

数学思考方面：①初步形成数感和空间观念，感受符号和几何直观的作用。②进一步认识到数据中蕴含着信息，发展数据分析观念，通过实例感受简单的随机现象。③在观察、实验、猜想、验证等活动中，发展合情推理能力，能进行有条理的思考，能比较清楚地表达自己的思考过程与结果。④会独立思考，体会一些数学的基本思想。

问题解决方面：①尝试从日常生活中发现并提出简单的数学问题，并运用一些知识加以解决。②能探索分析和解决简单问题的有效方法，了解解决问题方法的多样性。③经历与他人合作交流解决问题的过程，尝试解释自己的思考过程。④能回顾解决问题的过程，初步判断结果的合理性。

情感态度方面：①愿意了解社会生活中与数学相关的信息，主动参与数学学习活动。②在他人的鼓励和引导下，体验克服困难、解决问题的过程，相信自己能够学好数学。③在运用数学知识和方法解决问题的过程中，认识数学的价值。

（二）国外数学课程中的应用意识

1. 美国数学课程中的应用意识

从20世纪40年代开始，随着原子能、互联网、空间技术、遗传工程这些不断发展的科学技术的崛起，越来越多国家意识到数学这一门课程在实际生活中的重要作用，对学校数学教育方面也提出了相应要求，首次提出学校应该使学生在教育过程中"认识数学在实际生活中的运用""数学教育应该注重应用"等观念。到了20世纪60年代，由于现代数学的快速发展，以美国为首的国家兴起了"新数运动"，但因为忽视了数学科目的实际应用价值，而以失败告终，这也进一步突出了数学应用的重要性，注重数学的应用被重新提出。1980年，联合国教科文组织在巴黎开展了以数学教育为研讨目标的会议，在会议上指出，数学的重要性在于它能够帮助解决实际生活中所遇到的问题，而非其他。数学学科不是由单一的概念、证明及技巧组成，必须被灵活地运用到生活中，在解决实际问题时大展身手。20世纪90年代开始，国外的许多国家，重视在数学教育过程中培养学生的应用思维和能力。

2. 英国数学课程中的应用意识

1982年，英国在数学教学改革中，颁布了具有指导作用的文件，在其中明确指出，数学教育最重要的是以满足学生的生活、工作、学习等的需要为中心和根本目标，主张数学教育应该与学生的生活实际紧密结合。1995年英国发布的最新文件中，指出小学数学课程应划分为5个板块，即运用和应用数学、数数、代数、形状与空间、处理数据这5大板块，而其中运用和应用数学居于首位。从2000年开始，英国在数学教育中特别注重学生数学应用能力的培育，并有一个全面的系统，主要分为4个层面：第一，在英国数学课程标准中，数学应用作为独立的教学目标而存在；第二，全部学校都应该注重培养学生的数学应用能力；第三，关于学生数学应用能力培养的有关要求，在课程标准中有所体现，在英国统考大纲中也有所体现；第四，明确提出培育学生应用能力的方法。

3. 荷兰数学课程中的应用意识

自1968年开始，荷兰就制定了有关小学数学的教学规划，在教学目标上，重视学生自主学习，注重培养学生运用数学知识解决实际问题的能力。1993年以前，荷兰都没有一套真正意义上的国家数学课程标准，直至1998年，其相关的教育部门意识到这一点之后才开始着手制定了全国统一的"获得性目标"。在弗赖登塔尔，一位荷兰著名数学教育家的"现实数学教育"思想的引导下，荷兰的数学教育逐渐从注重行为动作技术和思维能力向注重联系生活实际解决实际问题的能力转化，强调教师要以学生的生活实际为中心开展教学，使学生学会运用数学知识解决实际问题的能力。荷兰小学数学科目知识内容的设计主要从以下三个方面来划分：第一，源于学生生活；第二，关注学生学习的过程；第三，重视学生未来的发展，在学习数学教育的过程中，既要注重培养数学技巧，又要注重培养学生创新意识和能力。

4. 日本数学课程中应用意识

日本《小学校学习指导要领》明确提出：教师通过有关数量和图形的算数（日本将小学数学称为"算数"）活动，使学生掌握基本知识和技能，培养学生对日常事物进行有条理的思考的能力。同时，注意活动的乐趣和数学处理的好处，进而培养学生自觉地把数学用于日常生活的态度。由此可见，日本的课程改革注重使学生形成正确理解数学的认识和思考，提高应用数学考查、处理问题的能力和培养灵活应用数学的态度。

通过以上介绍看出，注重数学应用已成为国外许多国家的共识，培养学生的数学应用意识与能力是国际数学课程改革发展的重要趋势。

三、小学数学课堂生活化应用的前提和特征

（一）小学数学课堂生活化的前提

小学数学课堂生活化教学最根本的目的是为了使学生能够在生活中运用学到的应用数学知识，为未来生活做准备，要使小学数学课堂生活化，其前提有五个方面：

1. 强调学生是数学课堂的主人

始终把学生放在数学课堂的中心，这样能够大大增强学生学习的动力。小学数学课堂的生活化，实际上是指，在教学过程中，要注重联系学生生活中会遇到的问题，以此作为出发点了解学生在学习过程中想要获得的、喜欢的内容，突出主体地位。在教学过程中，要摒弃原本一味灌输知识的、指令式的教学方法，而注重提高学生学习的动力，调动学生学习的积极性，学生不再是被动地接受知识，而是出于自己的喜欢而自主地去探索，学习新的知识，并将所学的新的数学知识运用到实际问题的解决中。

2. 关注学生的学习兴趣和生活经验

注重学生学习的兴趣和实际生活经验，有助于加深学生对所学知识

的了解。小学数学的生活化教学，要摆脱书中单一复杂的公式和概念，而联系学生的生活经验，采用具有生活化的教学材料，使学生能够学自己想学，学自己爱学的知识，数学知识再也不是只有枯燥的公式和概念，学生会出于自己的兴趣爱好去主动探索发现并解决问题，如此既学到了知识，且这种方式学到的知识也不同于教师灌输的知识，学生有自己的理解。以人教版三年级数学"认识人民币"这节课为例，倘若教师在教学过程中，只是通过书中的关于人民币的教材及换算的规则进行教学，那么整个课堂就会无聊。只有在教学中，与生活实际相联系，把人们生活中对人民币的使用与教学结合起来，才能使课堂变得有趣生动。

3. 联系实践，培养学生的知识应用能力

小学数学的生活化教学，要求教师要注重激发学生思考数学知识在生活中运用的相关例子，使学生懂得联系实际，培养学生的知识应用能力。教师帮助学生学会通过体验、探究、观察的过程，感受数学知识学习的意义就是指导和服务实践。任何知识，如果亲身体验过、探索过，那么对所学知识的掌握会更加深刻，也能够在真正应用的时候游刃有余。所以说，实践是检验数学知识真理性的唯一标准，使学生在学习数学的过程中联系生活经验，从而体会到学习的愉悦，全面体会数学的实践性，培育学生在实际生活中运用数学知识的能力。

4. 由"终结性评价"向"形成性评价"转变

从"终结性评价"转化为"形成性评价"的过程，也是学生压力变小的过程。学生学习如何，不能单纯以分数为标准来评价，"唯分数论"这种把学生的分数作为评价唯一标准的评价方式是不可取的。小学数学教学的生活化，既要注重教师教学的方式，又要注重学生的学习方式，要重视学生在教学过程中的主体地位，发挥学生学习的动力和积极性，如此有助于学生学习其感兴趣的知识内容。对于学生的评价应该着眼于学生运用知识的能力，题海战术违背了生活化教学理念，只有使学生摆脱枯燥乏味的题目，才能真正减轻学生学习的压力。

5. 教学联系生活，提高课堂教学效率

小学数学的生活化教学要把学生的实际生活及在生活中需要面对的问题紧密结合，并以此为出发点，使学生在自己熟悉的领域中，通过自己的亲身实践去学习新的数学知识，这样可以大幅提高教学效率，达到事半功倍的效果。学生能够运用所学的数学知识，在生活中提出并解决问题，这是数学这一门科目的专业性和趣味性有机结合的体现，这也说明了应用数学这一种教学方法所具有的显著的生活性。

（二）小学数学课堂生活化的特征

"生活化教学"重视教学与平时生活间的关系，是以实际社会以及生活常见事物为切入点，满足了课程改革及标准的需求。以下是从三个方面为着眼点，详细阐释关于小学数学的生活化教学的一些特点。

1. 教学从生活出发

小学数学过程中的生活化教学，是指小学阶段的数学知识，应同现实生活的一些事物相关联，关注学生的实际生活，所学知识也应与平时的生活逻辑相符，进而使学生将一些生活中习得的经验，与数学知识融会贯通。在日常生活的过程中，可以潜移默化地经历一些现象，进而习得如何辨别事物、体验情感，从而转化为自我经验，生活在一定程度上，就是教育的老师。上小学之前，学生已获得一定生活常识，对社会上的一些现象，已经有了自我的认识，这正是学生学习数学知识的前提，也使学生在学习数学的过程中，可以更多结合生活实例。离开了学生的生活经验，去谈数学知识，那么数学不再有生命力。小学生由于其身心发展的特殊性，对一些事物会产生一定兴趣，因此，小学阶段的数学课程，应注重学生心理的实际情况，掌握学生喜好、引导学生多多探索与开发，进而自觉地去参与生活中的一些事物，巩固所学的数学知识，培养热爱生活、善于发现的生活习惯。

　　例如，在学习"面积和面积单位"（人民教育出版社小学数学三年级下册）这一节内容时，可通过启发学生认识就存在于他们身边的数学课本的封面大小、自己的课桌面和教室的黑板面的大小，继而引导学生回顾之前学习过的四边形和圆形等封闭图形的面的大小就是它们的面积，从而帮助学生建立面积的概念，这样从学生身边熟悉的事物入手并发掘出其中的数学意义，可以使抽象的数学知识变得形象和易于学生理解接受。而在讲授颇具抽象意义的面积单位（平方厘米、平方分米和平方米）时，小学三年级的学生抽象思维能力还很有限，因此面积单位的理解和掌握也就成了这一节的教学难点，要把抽象的面积单位讲得明白就要从学生生活中的事物入手，告诉学生1平方厘米大约就是指甲的大小，1平方分米大约是经常吃的土司面包的大小（边长为10厘米的正方形的大小），而1平方米是四块边长为50厘米的地板砖的大小，并可以让几位学生站在面积为1平方米的地板砖上明确大约能够站几个人，通过这些存在于学生实际生活中的事物帮助学生在头脑中建立具体形象的面积单位，自然就会收到满意的教学效果。因此，小学数学课堂要照顾到小学生思维发展的特点，要让枯燥的数学理论知识变得鲜活立体，让学生不再感到陌生和乏味，吸引学生的探究兴趣。

2. 教学高于生活

　　数学的生活化，来于生活，但是又高于生活，是对生活上一些现象艺术化的处理，以挖掘数学的实际意义，生活化更为注重学生在生活中一些体验，而不是在书本上内容的再次出现。学生不是待在相对狭窄的世界，而是建立未来可能实现的生活场所，拓展学生的知识面，不仅丰富了自身的世界，并将更多地关注社会，对生活和社会充满责任感，生活的意义更为突出，进而实现人生的价值。

　　以"立体图形的认识"这一课为例，讲课之前，教师应准备各种相关的教具，新课程开启时，教师可以运用各种形状的教具，让学生体会，自我操作，学习的过程中，教师可以引导学生，把各种形状的物体分类研究，然后老师告诉学生，每个形状都拥有一个相同的名称。这些形状学生在现实中较为熟悉，但若不通过观看、触摸、比较、思考、滚动等操作，学生便不容易从具体的物体上，联想到几何形状。如果老师只是停留在让学生分类这样的操作过程，将无法鼓励他们从生活中特定对象，联想到一些抽象几何；停留在让学生分类这样的操作过程，学生将进入误差循环过程，无法从生活中的一些对象，联想到数学知识。这离不开教师对于一些现象的引导，认识他们生活中的一些盒子，便是一种长方体，进而熟悉长方体的特性，逐渐全面地意识到什么是一个立体的图形，这一过程强化了学生的分析能力与辨别能力。

3. 教学服务于生活

生活化的教学方式，实质上也在服务生活，教师在课程中，应鼓励学生在接触一些具有生活的实际意义的数学知识，积极处理生活中常见的一些问题，服务于生活，突出数学的应用功能。小学阶段的数学课程目标并不是给学生传授一些理论知识，而是通过对系统的知识体系，使学生更好地适应社会，更全面地为自己做好计划。目前，生活化的教学中，要求学生在不断提升其合作、交流以及探索的能力，注重多方面发展。教师在教学的过程中，还应鼓励学生通过生活的表象，来挖掘其中的实质，立足点仍是数学的应用价值。

四、小学数学课堂生活化的应用途径

（一）树立生活化教学理念，引导学生关注生活现象

教师作为教育过程中的主体，特别是小学数学的生活化教学，教师便应具备生活化的观念，才能引导小学生进行相应实践活动，促使小学生积极参与一些生活现象。教师应调整传统观念，积极创造符合学生实际发展，以及身心实际情况的课堂模式。

　　教师应调整只注重理论，而忽视丰富过程的理念，在日常的生活中，要用充满数学的思维，更多地着眼于一些数学现象，勇于在生活中运用数学资源，掌握好理论与生活的关系，最终使学生学会学习与生活相结合，体会数学的价值。

　　小学生的日常活动，如起床、吃早饭、休息、上课、运动等，均有一个相对固定的时间，要安排好自己的时间，就离不开钟表，它和"认识时间"这一堂课可以结合起来，因此教师在教学的内容中，可以插入师生每天的时间表，之后再询问学生，需要用什么工具来安排时间，如此便可引导出新课"认识时间。"

　　再比如，学生的身高各不相同，即便是相同年龄的孩子，其身高也不同，同样的其体重也各不相同，男女生的人数也存在差异，这些现有的内容，均可以是"比大小"这一堂课中的现成的素材。在新课教学的过程中，老师可以让学生掌握一下男女生的人数，比如男生为28人，女生为22人，进而鼓励学生说出男生比女生多多少人，教师也可引导学生掌握自己笔盒、课桌的长度，与其他同学所测量的长度进行比对、交流、互动，学生之间就长度的一些知识与内容，可以畅所欲言，学生们在快乐的交流过程中，学到了本节课程的内容。

　　学生在传统教育下，所接受的知识一般比较扎实，数学的应用却相对薄弱。学生在课本上接触的内容，与现实生活完全不同，教师在课程讲授的过程中，若只是为了填补教学任务的空白，而对学生进行填鸭式教学，那么学生真正的天性并没有被释放。生活化的教学方式，要求教师从自身起便确立生活化的教学观念，鼓励学生更多注视生活中的一些事物，激发学生对数学的热情，引导他们从生活中挖掘数学相关的知识，善于在现实生活中运用所学的数学知识来解决问题。

　　做好课前预习是新课程的必要步骤，老师可在上课前，留给学生相应的预习目标，引导学生积极探索和发现生活，如此，便可以自然地将实际中遇到的数学知识过渡到课程中。

例如，在学习"两位数乘以两位数"新课前，教师可以给学生布置这样的任务：周末班里组织去春游，有森林公园和游乐园两种选择（门票每人低于100元），班里有50名学生，要学生课下在家长的陪同下去调查选择去哪里春游更省钱。而要选择去哪里更省钱，则需要学生课下去调查森林公园和游乐园的门票价格，然后再结合班里的学生人数计算出森林公园和游乐园的总门票钱。这是一个与学生的实际生活和兴趣完全契合的预习任务，但是学生们之前没有学习过两位数乘以两位数，因此在计算总门票钱时会遇到困难，有的学生估计会使用加法把50个相同的数相加，有的学生会在家长的帮助和指导下，计算出总门票钱。在新课讲授时教师可问学生们有没有完成任务，并顺势选取没完成任务的若干同学询问原因，这样就很顺利地引入了新课"两位数乘以两位数"的教学。小学数学生活化教学就是要将生活中学生感兴趣的内容引入数学课堂，引导学生多关注生活现象，形成乐学、爱学数学的良好学习氛围。

（二）生活中挖掘教学内容，增加数学知识生活气息

教师对于生活中一些数学素材，应及时积累材料，促进学生体会来自生活的数学，感受数学的力量。要使学生将相关知识运用到实际中，重点在于教师能否将相关的内容与实际生活关联，使学生真正地认识数学相关理论。随着时代的不断前行，社会对人才也有着更深层次的要求。数学的相关知识也应与时代同行，将生活中常见、有利于学生发展的内容进行优化。这样的素材可以来自生活，也可以来自教材中。

因为受到诸多现实因素的影响，数学教材的更新速度没有跟上社会的变化速度。为了培养综合能力较强的人才，教学内容应与时代发展相结合，生活中的实际，更具有时代的烙印。教师在课堂教学时，要积极挖掘教材知识在生活方面的具体表现，只有贴近学生实际生活的内容，才可以激发学生的兴趣，使其有足够的动力。学生习得兴趣的知识，离不开教师的引导与挖掘。

　　小学阶段，学生的逻辑能力仍然薄弱，面对一些抽象的数学知识，教师应注重生活中的原型，探索教材知识和生活实际的联系，利用学生感兴趣的生活素材，唤起学生的求知欲，并引导学生学习一些抽象的知识。例如，在教学速度、时间、距离此三者间的关系时，很多学生很难理解速度的定义，"速度是单位时间内完成的距离"。学生可以用生活中的实例，比如，学校到家的距离，运用这些生活中常见的场景来描述相关的数学知识，可以获得更佳的效果，也可以使学生学会运用。因此，教师必须要拥有善于发现的双眼，在生活中运用数学知识，如此，学生便可以逐渐理解抽象的概念，并重视数字与生活的关系。

（三）注重创设教学情境，激发学生学习兴趣

　　小学阶段，数学的相关活动与教学效率、学习的效果有密切关系，教师应高度注重教学活动的各个环节，要紧贴生活、再现生活、激发学生积极地进行探究，在课堂上为学生创建一个互动与合作交流的平台。数学教学是小学中的主要课堂，教师在设计课堂过程中，所体现的能力标志着学生数学思维的运用能力，因此教师不仅重点运用生活化的教学方式，更要全面地实施生活化的教学方式，鼓励学生在"做数学题"时，体验知识的运用。

　　为了使学生在数学课堂上积极建构知识体系，应创建合理的情境，这直接影响着学生的积极性，因此情境也应合理与科学。只有在一定情境下，学生才会有探索新知识的内在动力，这就要求教师要善于创造生活化的情境，详细分为以下四个方面。

1. 在导入中创设生活化教学情境

　　小学阶段，数学教师在导入新课的过程中，要创造科学的生活情境，引起学生的兴趣，激发他们对新知识的兴趣。

　　比如在小学数学教材中的"认识人民币"这节课中，在课堂中可以加入三名学生买文具的情节，来自生活的情节，更可以吸引学生，学生会自主地参与到其中，对人民币有了更全面的认知，于是新的课程便逐渐导入了。此种情境，在生活中非常常见，也与所学的知识紧密相连。它激发了学生对相关知识的兴趣，为未来的学习奠定了坚实的基础。

2. 在新知讲授中创设生活化教学情境

常常听到老师告诉学生要抓紧上课的时间，这其实是要学生在接受新知识时，要集中精力。教师也要创建合理的情境来引起学生关注，进而提升教学效果。

例如在讲授"连加连减"这一节内容的教学过程中，教师可以和学生一起来做游戏，教师可以拿出提前准备好的30颗牛奶糖，并告诉学生游戏的获胜组可获得糖果的分发权，教师先从牛奶糖里拿出12颗，然后又放回去5颗，问还剩多少颗牛奶糖？教师把学生反馈的计算过程板书在黑板上并向学生明确"连加连减"算式的计算方法。这种具有浓郁生活气息的游戏场景抓住了小学生好动爱玩的心理，充分调动了学生的积极性和参与度，寓教于乐，学生也能理解"连加连减"的意义和计算方法，既锻炼了学生的计算能力又考验了学生的反应能力，教学目标就在学生对这节课还意犹未尽中达到了。

3. 在知识巩固中创设生活化教学情境

在相关知识的巩固时，为了测试之前学生对知识点的掌握情况，也要激发学生的积极性与自信心，因此，在巩固练习过程中，也应注重学习效率，杜绝大战题海，而是要接触生活。巩固知识点，创建生活化的教学模式时，要兼顾教学重点与难点，加强学生知识点的应用，不断提升数学能力。

在"认识人民币"这一节教学内容的设计上，教师在引导学生认识了1元和1角人民币以及元、角、分之间的进率之后，学生还需要学会使用人民币才能对课堂学到的新知巩固运用。教师要在知识巩固阶段创设更接近学生实际生活的教学情境，帮助学生在实际生活中能够正确地使用人民币，可以安排换币活动，让每一位同学都能参与到换币、取币的活动中，如1元钱可以换几张5角的，几张1角的。

同桌两个人之间互相换一换，学生在交流中获得了实际生活的体验；可以安排购物活动，如买一支2元5角的钢笔，付币的方式有哪些。让学生体会多种付币的方案，培养学生思维的灵活性；模拟在商店购物的场景，同桌两人一人扮演顾客一人扮演售货员，买一张8角的邮票，体会找币该如何进行。学生在这些贴近生活实际的活动中，不仅巩固了人民币的知识而且也练习了简单的加减法的运算。

4. 在学生合作学习中创设生活化教学情境

目前，课程以主动、合作、探索为主要方式，合作的方式可以锻炼学生的创新与探索的能力，也可以使学生之间优势互补，尽可能地使学生体现学习积极性，获得一定荣誉感，学习的过程中，可以进一步提升学生的参与度，及课堂的有效性。

如在"千克和克的初步认识"教学设计中，学生虽然在日常生活中接触过物体的重量问题，但对重量单位接触较少，因此对千克和克也就比较抽象，教师可以尝试通过分组合作探究性学习的形式，设计"称一称""数一数""掂一掂""找一找"等教学活动。

（1）称一称：教师在介绍完各种称重工具后引入一个重量单位——千克，让学生分小组开展操作活动来具体感知1千克大约有多重，学生动手称面包（100克，10个）、盐（500克，2袋）、洗衣粉（200克，5袋），看看重量是否为1千克。

（2）数一数：1千克的面包有几个；1千克的盐有几袋；1千克的洗衣粉有几袋。

（3）掂一掂：学生用台秤称完1千克重的物品后，教师让学生用手掂一掂自己称的1千克物品的重量，再在组内把面包、盐和洗衣粉随意组合成1千克掂重量，掂的时候要用心感受和体会1千克大约有多重。

（4）找一找：学生在掂完1千克的物体大约有多重后，教师可拿出准备好的三个没有标示重量的盒子（三个盒子的重量分别为加0克，600克和1千克），要求学生不能用秤称只能用手掂来找出哪个是重量为1千克的盒子，看看哪个合作小组找得又准又快，这样学生的积极性被充分地调动起来，等1千克的盒子找出来后，学生将会深切地体会到成功的喜悦。

教师应以学生实际情况为切入点，让学生借助小组合作的机会，在现实的生活情形下，对较为熟悉的事物实施观察活动，通过观察得到一些体会，这一学习过程应与学生的认知能力相符，如此，不但使学生习得了相关的知识，也提高了处理问题的能力，培养了主动实践的习惯。

（四）提问激疑，启发学生主动参与探究

在教学中，教师要注意提问的策略与方式，让学生积极参与知识探索，让其在兴趣的包围中自主思考、愿意探索，并在现实生活中运用相关的知识，真正地理解问题。例如，在讲解"认识人民币"这一课时，鼓励学生理解人民币时，要调整传统、虚拟的教学方式，优化为整理自己钱包的过程。

教师经过巧妙地安排问题，唤起学生的兴趣，让学生不由自主地对钱、币有了系统的了解。教师在设计课堂时，要注意提问，提出质疑。学生应该在熟悉的实践中，主观探索，说出自己的疑惑，教师也应及时给予学生鼓励与帮助。

（五）运用生活化的练习，学以致用

运用生活化练习，学以致用，就是要合理设计课后练习，因为要实现小学数学的生活化教学，根本落脚点就是回到生活中去，改变过去以数学考试为主的评价方式。

第六章

互动媒介教学方式及其应用

第一节　理念认知

——互动媒介技术下的小学数学课堂教学及其方法

一、互动媒介技术下的小学数学课堂教学认知

"对于教育教学过程的有效性和高质量发挥而言，一定的教学物质基础具有十分重要的作用。"在教学活动中导入互动媒介技术，使教学情景更加生动、形象，教学形式更加多样，教学内容更加丰富，教学模式更加创新化，课堂教学效应更加优化，同时也在进一步强化课堂教学密度的过程中实现了对学生自主学习的主体意识的培养。可以说，学生学习所需的多样化、丰富性学习资源的开发及学生学习方式的改变等，都与二者有机结合、相互配合所发挥的作用有关。更进一步来讲，它集中体现了现代教育以人为本的教育理念，一定程度上对数学教学模式过于强调教材中心的传统造成了冲击。

（一）互动媒介技术下的小学数学课堂教学理念

"双基"的两个基本点在于熟练的数学运算和严谨的逻辑推理，但随着教学理念的不断发展，其时代性得到了进一步强化，逐渐将总结、设

想、创新的思维方式和广阔的数学视野，以及信息技术手段与数学教学的融合纳入"新双基"的组成部分，这需要小学数学教师提起高度注意。

1. 教师具有创新精神

得益于互动媒介技术，数学课堂更加丰富和多样化，课堂内容也实现了创新发展，这些成果最终都将服务于提升学生数学素养的教学目标。而为了与互动媒介技术在数学课堂教学中的应用相适应，教师也要不断革新自己的教学方式，最重要的一点在于培养自身的创新精神和创造力，并通过自身对创新精神的推崇和追求影响学生，提升自身和学生发现问题、提出问题、解决问题的能力。同时，要勇于突破传统观念的束缚和桎梏，以超强性和独创性的思维能力、敏锐的洞察力及想象力推动提升数学课堂教学质量。除此之外，教师还应具备以下基本素养：①扎实的现代信息理论基础和技术基础，这是知识结构更多元、更具有层次感的重要保障；②开阔的视野，这是教师培养自身信息综合分析能力的重要前提；③创新教学过程（如教学模式、教学内容、创新思维、创新教学评价等）；④搭建一个开放、自由的创新空间，引导学生自主学习。

2. 教师具有可持续发展的人格

（1）"终身教育"观念下，不断更新自身知识储备已经成为了教师的职责体现，因此教师要推动"终身学习"向"自觉行为"的转变。

（2）以社会道德规范重塑自我，达到"超我"状态。这是因为处于人格形成期和定型期的学生普遍容易受到社会文化中各种元素（如价值取向、社会理想、社会信仰、道德规范和审美趣味等）的影响，而教师作为学生心灵世界的构筑师，其人格、道德、素养等都会在言传身教的过程中对学生产生潜移默化的影响，因此教师必须具备良好的道德素养和职业规范。

3. 教师更新固有的思想观念

（1）教师应该认识到互动媒介技术的必要性和重要性。教师要摆脱传统的数学课堂教学模式的束缚，更新观念。

（2）教师要认识到自己在互动媒介技术的数学课堂教学中的作用和地位，能够以饱满的热情投身到以互动媒介技术为基础的数学课堂教学中来。

（3）教师要认识到互动媒介技术在数学课堂中的应用，要求教师的教学要关注每一位学生身心发展的需要，教学要能够促进学生个性的发展。教师要真正理解："人人学有价值的数学，人人都能获得必要的数学，不同的人在数学上得到不同的发展。"这是新世纪数学课程的基本理念。

（4）教师要认识到在未来社会中，获取知识的能力比获取知识本身更重要，获取信息的方法比获取信息本身更关键。未来社会的知识结构应是：信息化板块结构，集约化基础结构，直线化前沿结构。教师作为社会化的人，必须更新自己的知识和教学方法，才能适应社会的要求。

4. 教师要提高现代教育技术的能力

在不断发展的现代教育技术带动下，计算机应用已被纳入新课程标准，并在教材中体现，课堂教学与多媒体计算机的相互融合在课堂教学中发挥着重要作用。因此，教师必须提高自身对计算机工具的掌握程度，从而适应这种全新的教学趋势。具体来讲，在推动教学质量提升方面，针对教学中的重难点，要能够合理运用数学教学软件解决，要具备并不断提升对优劣课件的筛选、评价能力，要具备网络信息资料的获取能力等；在推动学生学习质量提升方面，要积极发挥对学生参与数学实验的引导作用。比如，讲解几何图形的变化规律，可以充分利用动画技术演示及动画情境的创设等，通过以上这些技术引导，培养学生在数学实验体验过程中的思维能力。除此之外，在培养学生的探索精神和创造力方面，教师要提供强有力的环境保障和学习工具保障；在有效提高学生的学习效率方面，教师要充分发挥学生使用计算器完成复杂计算的指导作用。

5.教师要在课堂中体现新理念

互动性在学生数学学习活动中的直接体现在该过程的生动、积极主动和个性化，也就是必须建立在学生主动参与数学学习活动的基础之上。而教师角色在这个过程中的功能体现，就在于营造轻松和谐的学习氛围，具体来讲，主要包括以下三方面内容。

（1）角色转变。在传统数学教学中，教师形象往往是严格、刻板的，而在新型课堂教学过程中，教师需要将自己置于学生朋友的位置，不仅传播知识、解疑答惑，更重要的是要成为学生学习活动的引导者、参与者和合作者，良好的师生关系大多建立在此基础之上。当完成这种角色转变时，学生身处的学习环境将更加平等、和谐、自由，学生才能享有相对轻松愉悦的思维空间，进而培养起自主探索、主动学习、自由表达个人创意的学习习惯。

（2）热情感染。将内心的情感用外在形式表现出来，这是互动媒介技术应用于教学活动中的一个重要内容。简单来讲就是，在整个教学过程中，教师要饱含热情，投入自己的全部精力和集中力，并对学生强烈的工作态度和内心情感的鼓舞，从而合理有效地组织教学活动。尤其要注重教学方法选择的灵活性和针对性，以一个问题导语开场，环环相扣，饱含深情，引起学生的情感共鸣，既向学生传播自己深沉的爱，又培养学生学习数学的兴趣。

（3）提高教学过程的开放性。提升教学过程的开放性水平意味着学生可以收获更多参与感和成功的机遇，有利于学生的个人成长和个性发展。更进一步来讲，有利于实现数学教学的长远目标（即使学生所学数学知识具有一定的实效性，实现学生在数学上的发展）。从本质上来讲，开放性教学过程强调学生主动发现问题和解决问题。而在过程教学时，教师应当创设学生亲自从事数学活动的情境，提高教学过程的探索性和开放性水平，让学生乐于探索、勤于思考。与此同时，在教学过程中，以学生的个性需求和学习要求为出发点，以实现全体学生的相应发展为落脚点来选择教学素材，充分利用现有练习题，或源于学生日常生活的素材，或选择契合学生兴趣所在的实例作为开放性练习题的选择方向，拉近数学学习与学生现实生活之间的距离。得益于这种开放性的探索活动，学生也培养起了自身的知识应用能力。

从生活中来，到生活中去是数学知识的本来发展方向，特别是小学数学，生活中很多细微之处都可以发现并应用数学知识。作为知识的发现者、传播者和应用者，教师应该留心生活，在提升开放性练习题的现实价值方面充分利用现实生活中存在的实际问题。如此一来，学生既能够很好地理解数学知识，还可以实现自身思维能力的锻炼，并养成情感态度与价值观念。

（二）互动媒介技术下的小学数学课堂教学目标

教学目标由教育目标和学习目标两部分组成，它以学生的知识掌握能力为依据提出，集中体现了新课程改革对学生在某一阶段（或某一课时）所达到学习成果的具体要求。同时，也为教师所选择的课堂教学方式适应整个教学过程的程度和科学性提供了重要依据。具体来讲，课堂教学目标的提出是为了实现教育目的，是课堂教学的灵魂，更直接决定了课堂教学能够正常有序开展及教师教学艺术和教学风格的形成，具有一定概括性和全局性。正确的教学目标可以引导课堂教学活动朝着正确的方向进展，使课堂教学更加符合课堂教学的基本要求。作为一种科学的教学策略，教学目标可以依据课堂教学的现实需要和时机进行适时调整，因此也表现出了一定灵活性。

1. 教学目标的主要功能

（1）导向功能。即教学目标规定了教学活动的未来发展方向，指明了教师"教什么"和学生"学什么"两大基本内容，对于教师精准把握教学尺度、教学方向以及有效规避教学重难点偏移等有重要的指导作用。

（2）规范功能。即明确的教学目标规范了教学计划和教学内容，而且对于教师和学生行为都有一定的规范作用，以免出现课堂教学内容泛在化的现象。

（3）再次是具有调节功能。即数学教学程序的设定和教学方式等的选择，均受到教学目标的制约，同时也会经常发生相应的变化。

2. 教学目标的建立

（1）学生是首要依据。作为学习活动的主体，学生是数学教学活动得以展开的灵魂，通过数学课堂教学实现学生自身的最大化成长与发展，必须建立在相匹配的数学课堂教学目标与学生学习力水平的基础之上。倘若目标高于学生的实际学习力，就会因与学生学习实际不符而增加学生课堂学习的难度，更无法达到教师的预设学习状态。倘若目标低于学生的实际学习力，就意味着学生已经基本掌握了课堂教学内容，如此一来，会打消学生的学习积极性，或安于对现有教授内容的掌握，缺乏探索更深层次数学知识的上进心。久而久之，学生的心中会产生一种努力就是无用功的错误认识，更加会引起学生对课堂教学重要性和必要性的质疑，无论是学习效率，还是学习质量都将无法得到有效保障。因此，在制订数学课堂教学目标时，要综合考量不同学习阶段的学生在思维方式、学习能力、学习基础等方面的差异化。针对小学阶段的学生，缺乏一定综合分析能力，因此要凸显形象思维，即引导小学生在留心观察身边的人或事物，获得独特的审美感受和情感体验，然后通过教师的引导，将这种形象化的感受升华为理性化的认知。

（2）学科依据。学科不同就会有不同的专属特点和学科要求，以及应该具备的学科能力、研究方法等。同时，区别于其他学科，数学学科本身所具有的抽象性对数学教育工作者制订教学目标显现出了一定难度。因此，要立足数学学科的专属特点，遵循契合数学学科发展规律、内在要求的基本原则，依据数学课堂教学的目标，确保数学教学目标与数学学科特点的一致性。

（3）课题依据。在同一学科中，制订不同课题的教学目标要做到重点突出、主次分明。这是因为从构成方式的角度而言，不同课题的知识和能力也会有所区别，这也就决定了学生需要在思维方式上要有所侧重。因此，为了体现课堂教学的灵活性和针对性，教师应立足学生认知规律的发展方向和教学内容，对其从三个维度、多个方面进行进一步强化。

二、互动媒介技术下的小学数学课堂教学方法

（一）利用信息化互动演示方法

从层级的角度来讲，信息化互动演示教学策略在互动媒介技术介入数学课堂教学活动的环境中层次较低，主要强调教师的讲授和信息演示，而后是学生对这些信息的接收和理解，最终得出教学评价，并开展教学练习。作为一种数学课堂集体教学方式，信息化互动演示教学策略对互动媒介技术系统的利用仅仅停留在最基础的信息展示和功能评价。比如，教师在向学生展示各种数字化教学信息资源时，往往会借助电子白板和板书、标注等方式和工具，这样就会使原本晦涩难懂的数学知识变得形象、生动、便于理解，这就是多媒体技术融入数学课堂教学活动的具体体现。

此外，从应用的层面来讲，要尤其重视讲解与演示文稿的紧密结合。从本质上来讲，这种全新的教学策略延伸、扩展了传统教学策略，除了强化了教师与媒体内容的互动性，其他部分依旧维持着传统教学策略的基本内容，如凸显教师的中心地位，教师负责教学，学生负责接收和转化知识。但同样没有实现对传统教学策略中某些局限性的改变，如学生依旧是被动接受的地位，互动媒体系统在教学活动中的功能更多地体现在了教师

的知识讲授上，能够为学生充分利用的功能较少，这也是与以互动媒介技术为背景的数学教学目标要求无法契合的原因。

（二）协作信息探究方法

所谓协作信息探究活动方法，指的是以科学探究方法为指导，使学生在数学教学活动中掌握知识，获得对科学研究方法和思想的整体感知的数学教学方法。以探究活动为基础，融合互动传媒技术的数学课堂教学，依托开放自由的网络信息资源环境，为学生之间的相互协作搭建了一个良好的平台，学生可以根据个人需求搜索、加工信息资源，从而实现数学教学目标。举例来讲，在互动媒介技术的辅助作用下，教师可以创设数学课堂教学问题情境，然后在学生网络环境下对信息进行加工整合，并通过互动媒介技术对学习成果进行展示，最后针对教学效果辅之以科学的投票系统，从而得出客观的教学效果数据。

（三）进行数学课堂教学交互活动的方法

在互动媒体技术环境下的数学教学资源来源是比较广泛的。不单单局限于教师提供的资源和教材来源，还包括学习者自己搜索、挖掘、整理的数学学习资源，所以，这是需要学生充分利用互动媒介技术来进行搜索和学习，在交互活动策略中凸显个别化自主学习的主要地位。作为一种存在于学生与数学教学环境之间的多样化的活动策略，主要目的在于通过激发学生主动性，提高学生主体地位。一方面，要提高学生摄取和理解数学概念的重视程度，另一方面，要实时考察学生在数学学习过程中所采用的思维方式是否有利于学生探索能力和数学学习兴趣的培养。与班集体学习不同，个别化自主学习更加侧重学习过程中学生的独立思考、自主探究和独立解决问题的能力。具体来讲，该策略需要经过以下过程。

（1）在电子白板辅助工作的配合下，教师双屏展示视频、音频和文本，完成问题情境设置，并提出典型事例。在此基础之上，引导学生独立观察与思考，并逐渐缩小观察范围，标记有效信息，最终集中学生的注意力到某一个具体的点上。

（2）以学生观察的现象为依据，引导学生分析、对比现实生活，并根据对比结果进行思考和总结，得出最终的假设。

（3）对提出的假设进行针对性的论证，修正错误的假设，整合正确的结论。

（4）联系已有知识，建构更加完善、多元的知识结构体系。

第二节　有效互动

——互动媒介技术下的小学数学课堂教学组织

所谓教学组织，就是为实现一定的课程与教学目标，围绕一定的教育内容或者学习经验，在一定的时空环境内，通过一定的媒介技术，教师与学生之间相互作用的方式、结构与程序。教学组织发展的特点：①教学组织形式的确定化；②教学组织形式多样化、综合化；③教学组织形式个别化；④更加重视课外、校外活动。

教学组织对于教学活动的质量和效果具有非常重要的影响，在教学的其他方面相同的情况下，教学组织形式的不同会带来极为不同的教学效果。采用科学合理的教学组织形式和有效的教学方法有利于提高教学工作的效率。在数学课堂教学实践过程中，是很难将教学组织与教学方法完全分开的，二者是有效结合的。在互动媒介技术背景下，数学教学改革的目标之一就是因材施教，从而满足学生的个别差异，实现数学教学的个别化。

教师是互动媒介技术课堂教学过程中互动建构的主体，是建构有效数学课堂教学互动的关键。教师应积极创设有效情境，促进各种互动的形成，最终完成学生个体知识互动的实现，达到学生对所讲授内容的理解和掌握，实现自己的教学目标。数学课堂教学的最终目的是学生对教师讲授知识的理解和把握。提高数学教学质量，转变数学教学观念，促进学生综合能力的发展是互动媒介技术背景下课堂教学的直接目标。互动在媒介技术课堂教学过程中起到至关重要的作用，特别是学生个体的知识互动决定了学生学习的有效性。因此，在媒介技术课堂教学中，教师应该积极构建有效的互动，促进学生个体知识互动的发生，从而提高教学质量和教学效率，为培养高素质人才做出努力。

一、师生互动与生生互动

师生互动是数学课堂教学过程中最基本、最常见的人际互动化教育研究的形式，它是指在教学情境中师生相互交流信息、思想、情感和共享信息的人际沟通活动。师生互动对于教育目标的达成、学生人格的健康发展等有着重要的作用，众多学者从不同的角度对师生互动进行研究。

学生与学生之间的关系，即生生关系，是课堂教学过程中另一种人际关系，这种关系影响着学生参与课堂互动的态度和行为。生生互动是指在教育教学情境下学生个体与个体、学生个体与群体、学生群体与群体之间在活动中的相互作用和影响。同学交往对个体参与课堂互动及个体发展有积极的影响，也有消极的作用。

二、师生个体的知识互动

（一）教师个体知识互动

在多媒体课堂教学之前，虽然教师做了大量准备工作，但是在课堂上往往会遇到一些具体教学情境和问题，需要教师根据学生及授课的实际情况及时调整授课内容、教学方法、教学步调等。在这种情况下，教师所具有的特定学科知识、教育学与心理学知识和所面临的具体课堂情境之间相互作用，即教师个体知识互动，为成功进行课堂教学提供恰当的教学方法、知识体系。

（二）学生个体知识互动

课堂教学过程既是教师教的过程，也是学生学的过程。在学习过程中人脑并不是被动地学习和记录从外界输入的信息，而是通过长时记忆对信息进行选择和推断，主动地建构对信息的解释。可见，建构主义的核心思想就是人们基于已有的知识去建构和理解新的知识。每个学习者都以原有的经验系统为基础对信息进行编码，建构自己的理解，而原有的知识又因为新经验的进入而发生调整和改变。所以学习并不是简单的信息积累，学习过程也不是单纯的信息输入、储存和提取，而是新旧经验的冲突引发的观念转变和结构重组，完成"同化"和"顺应"的过程。表明了学生学习过程也是学生个体知识的互动过程。

在分析多媒体课堂教学的教学效果时，我们除了注重分析课堂教学过程中人际互动，更应注重学生学习过程的本质，将课堂教学过程中的个体知识互动纳入影响多媒体课堂教学效果的因素。

三、运用互动媒介技术进行的教学法

运用互动媒介技术进行"系列提问"的教学法，其产生的初衷就是为了解决组织教学的问题。互动媒介技术环境下的传统教法只有教师单方面的活动，学生积极性不能调动，主体地位不能体现，课堂教学组织呆板单一。而某些探索中的新教法则活而易乱，虽然在开展双边活动等方面有积极意义，但师生双方的活动与作用往往不能互为因果融为一体，课堂内外活动不能自然衔接，课堂教学的组织也不够严谨。为了解决这个组织教学的形式效果上的问题，需要有效运用互动媒介技术，在数学课堂教学过程中进行有效的互动。

运用互动媒介技术进行"系列提问"的教学法贯穿于包括从宏观组织设计到课堂组织实施的整个组织教学过程。它的整个实施程序大致可分为以下步骤。

（1）教师备课，设计"系列提问"。即根据教材知识的内在联系运用互动媒介技术设计出有连贯性、循序渐进的一系列问题。

（2）学生在教师指导下进行课外自学。即按教师布置的复习、预习题（系列提问）复习旧课、预习新课。

（3）"系列提问"的课堂实施。教师设计问题、学生回答、教师归纳。这是师生在课堂内的共同活动。经过若干次自然过渡的循环，使师生的共同活动渐次深入，最终通过"系列提问"的实施完成整个课堂教学。

运用互动媒介技术进行"系列提问"的教学法作为组织教学的基本方法之一，既组织起了学生的积极性，并通过教师的指导突出了学生进行自学的主体地位，实现了"教学"向"导学"的转变；又做到了有布置有检查、有散有集、有分有合，充分体现了统一指导下的分散学与群言堂的集中学的有机结合，达到活而有序、课堂内外活动衔接紧凑。同时，难度分散为教师课前的"备"与学生课前的"学"，师生课前同用功，把投入的学习精力由课堂分散到课外，"果"在课堂，"功"在课外，真正实现了各种教学活动在内涵上的结合。特别是从宏观组织教学来讲，这是组织教学的一个比较好的方法。

第三节　有力保障

——互动媒介技术下的小学数学课堂教学评价

一、互动媒介技术对于信息化互动演示策略的教学评价

演示性的数学教学交互活动的实践总结显示，无论是在信息化互动演示的数学教学过程中，还是在传统的多媒体或者黑板展示的数学教学策略下，都应该注意以下方面。

（1）在互动媒介技术环境下，在数学课堂教学过程中，教师应该注意语言讲解要与演示紧密结合，让学习者以视听结合的方式理解和接受知识，从而能够形成长时间的记忆。

（2）数学科目本身就具有一定的抽象性，需要一定的逻辑思维。所以，教师应该根据所教学生的心理特点来适当、适度地进行演示，并活用演示材料，充分利用和发挥演示教学的艺术性，运用恰当的演示信息来调动学生的兴趣和积极性。

（3）在数学教学过程中，利用互动媒介技术演示前要利用好简洁有力度的引言，以此来激发学生的观摩欲望，一个良好的开端有利于吸引学生

去认真观察和思考。

由于互动媒介技术数字化的特性，使得教学活动具备了计算机多媒体教学的特征，可以有效运用动画、文字、视频、图形等多媒体信息，使数学课堂的教学内容变得生动、具体、直观，能够更多地演示还原。但是和计算机多媒体技术演示教学相比，互动媒介演示教学更能够随意控制进度，而且利用互动媒介技术还可以方便地进行圈点和标注，帮助学生更好地掌握重点、突破难点。

二、互动媒介技术对于协作信息探究策略下的教学评价

在协作信息探究策略的指导下，数学学习者的积极性可以被充分地调动起来，主动参与到数学课程的学习中来，这样学生的主体地位得到明确。在进行资源搜索、分析、加工的过程中，可以使学习者的信息素养得到培养，使其获得终身学习的能力。由此可见，这是符合信息化教学与信息化基本目标需求的一种策略模式，这种教学模式可以拓宽学生的视野，发挥其想象和思考的能力，更重要的是可以增强教师和学生之间的互动性；而且人机交互的机会比较多，能够充分发挥互动媒体综合系统提供的各自操作功能。老师们可以利用媒介技术来提出问题和情境，而学习者可以利用网络环境搜索相关信息，同时可以利用媒体来展示学习的成果，除此之外还可以通过投票系统来评判学生的学习成果。

在这种模式之下需要学习者花费较多的时间和精力在数学学习上，不利于学生全面、系统地掌握数学学习技能，而且不利于学生综合平衡发展。并且对于数学理解力和基础性较差的学生而言就会觉得无所适从，容易给学生造成一些心理问题，导致其对学习数学失去信心。由于网络信息量比较大，很多孩子的自控能力比较差，容易在网络中迷失自己，所以，在这种模式中需要教师对数学学习主题进行合理的设计和正

确的引导。因此，基于互动媒介技术下的数学课堂教学应该注意以下方面。

（1）正确处理好老师指导与学生自主之间的关系。协作探究过程是强调学生间的自主和协作性，但是这并不等同于放弃数学教师的指导，而是更应该强调和注重教师的有效指导。如果说教师指导介入较晚的话，容易造成学生长期处于一种无助的状态，更不利于激发学生学习数学的兴趣。

（2）强调注重学生之间的交流。学生之间的相互沟通和倾听实际上有助于学生摆脱以自我为中心的思维倾向，在讨论中能更清楚地认识自己并及时进行自我反思，通过讨论可以让学生认识到自己在学习数学过程中的优势与劣势都是在哪里，相互合作完成更复杂的任务。

（3）可以合理利用投票系统对学生的探究做出相应的评价，但是评价的目标不是对错，而是应该让学生认识到自己与同学之间的差距。

三、互动媒介技术对于自主学习策略的教学评价

个别化自主学习策略的最大特点就是给予了学生学习数学的自主性。也就是说学生自己确定好数学目标或者根据数学课程资源中给定的教学目标，借助互动媒介技术的优势来自主选择课程内容和学习方法，制订自己的学习计划，可以进行自我反思和测试自己的学习成绩。自主学习的教学策略给学生带来的最大的转变就是学生学习数学由原来的被动变为主动，能在一定程度上提高学生学习数学的能力。而且学生可以根据自己的数学基础和学习进度来选择自己学习数学的时间和地点，不用刻意跟所有人的教学内容和教学进度保持一致，相对而言学生选择学习数学的时间和空间的灵活性比较大一些。但是所有的事物都是具有两面性的，所以，自主学习策略还是存在一定的不足，每个人对于事物的理解和对问

题的认识深度都是受自身条件限制的，不可能所有的学生都能达到一致的学习水平，而且学生学习数学的动力主要是依靠自身的求知欲望和好奇心等个性因素，如果对于学习数学在这方面有一定的不足的话，就会降低学习效率。

另外，如果单纯地运用这种课堂教学策略，则会导致学生之间、师生之间缺少一定的沟通和交流。学生局限于自己的思考范围，既不利于学生学习数学，也不利于教师及时了解和掌握学生的学习质量。

根据自主学习策略的利与弊，为了能够使学生更好地进行学习，教师在进行学习资源设计与管理时，不应该单纯设计知识性技能信息和情境问题，也应该将对于学习目标和学习策略的建议等方面的信息包含进去，还要提供辅助性的交互环境和个别辅助机制，注意引导学生对于数学的个性化学习。总体而言，在互动媒介技术下运用个别化自主学习的数学课堂教学策略时应该注意以下方面。

（1）重视学生和学习环境的分析与设计，通过环境这一外在因素来促进学生主动学习数学和构建数学知识框架。所以，对于互动媒介技术环境功能的具体应用形式和设计是必要的。

（2）提供明确的目标和恰当的管理评价内容。在自主学习过程中学生学习数学的最终目的是对知识体系的构建，这就需要有一定的目标来引导学生进行学习，也可方便他们及时检验自己的学习成果，实现自我反馈。

（3）不能忽略数学教师的指导。只要是课堂教学，那么就离不开教师，而且教师是学生学习和活动的组织者，所以，教师要对学生知识体系的构建起到一定的指导作用。

互动媒介技术下的数学课堂教学是未来教育发展的一个重要方向，在技术上还需要进一步研发并推广。但是同时我们也应该看到互动媒介技术的数学课堂教学应用对于促进教学以及改善数学课堂教学结构等方面所提供的有力保障。作为一个新生的媒介技术应用形式，现阶段对其研究还并不是很完善，在未来很长的一段时间里还需要我们进一步去研究和完善，还需要我们所有的教学工作者为之付出努力。

第四节　工具创新

——互动媒介技术下的小学数学课堂教学应用

一、互动媒介技术下电子白板在小学数学课堂教学中的应用

（一）交互式电子白板的认知

交互式电子白板是一种被中小学课堂广泛引进的新型教学媒介。但是，在实际中的小学教学课堂来看，对于交互式白板教学的运用还是不能够被充分利用，因此，全新教学环境的构建离不开"以学生为中心，以互动为核心"的教学模式成为了一种发展模式。

课堂教学永远是学校教学永恒不变的主题，随着交互式电子白板的不断的推广运用，逐步成为了学校课堂教学过程中不可或缺的话题。在传统的教学模式中，不乏内容枯燥，虽然对教师的教学效率有一定程度上的提高，但是对于学生而言，其学习效果甚微。通过不断增强信息技术在教学中的运用，使得学生的信息资源得以丰富，也为学生获取更多的知识和解决问题提供了有力的工具，并且使得传统教学所不能解决的问题得以解

决。随着教学信息技术的运用发展以及政府的有力支持，使得现代化教育得以有效促进和发展。

交互式电子白板经过时间的沉淀，其独特的教学功能得到了广大中小学教师的喜欢，越来越多的教师将其运用到课堂教学过程中，为传统课堂增加了更多色彩。将交互式电子白板强大的资源库和特效功能融入教学课堂，不仅提高了学生的学习兴趣，而且使得师生之间的联系更加密切。本书就交互式电子白板的应用案例和作用进行分析和讨论，细化到每一个教学环节，目的是让教师能够更好更快地接受和运用交互式电子白板，从而提高教学质量，也使得交互式电子白板的功能得以最大化发挥。

通过广大业内人士的认可，交互式电子白板最早是在国外得到发展，之后才在国内得以不断发展。就目前社会而言，交互式电子白板主要是在中国的发达地区得以使用，大部分运用于教学课堂，小部分运用于企业培训之中。因此，根据其运用范畴，目前主要研究两类交互式电子白板：第一类是对中小学信息化教学实施的研究；第二类是对企业内部培训运用的研究。

随着国内信息技术的进一步发展和普及，交互式电子白板已逐渐走进广大中小学，成为学校的重要教学工具之一。它正在悄然改变着传统的数学课堂，尤其是对"图形与几何"教学的改变和影响是巨大而深远的。教师利用交互式电子白板处理各种图形，既方便快捷，提高了课堂效率，又直观形象，易于激发学生学习兴趣；并且有利于培养学生的学习与探究的能力、合作与创新的意识、发现问题与解决问题的积极性；也有利于保存教师个人的课堂板演，为以后的教学研究留下宝贵的资料。"图形与几何"的教学一直是数学教学难点之一，作为一名合格的数学教师在教学中应该善于运用电子白板等信息技术为学生创造图文并茂、丰富多彩、人机交互、及时反馈的学习环境，使学生在这一环境中多种感官协同活动，充分调动自我学习的积极性，发挥主动性和自主性。在电子白板等信息技术支持下，通过观察、实验、探究、猜想、验证、推理与交流等多种方式进行数学活动，促进空间想象能力和推理能力的形成，积累多样化的数学活动经验，创造性地解决问题。通过这种教与学方式的改善，为学生数学素养的全面提升提供有力的支持；也通过交互式电子白板所保存的资料认真研究个人和同行们的教学行为，为以后教育教学水平的提高奠定坚实的基础。

（二）交互式电子白板教学应用的特性与优势

1. 交互式电子白板教学应用的特性

就其本质来说，交互式电子白板是硬件与软件的集成品，是电子感应白板和白板操作系统的集成，充分运用了计算机的硬件功能，是一个与计算机硬件结合、具有与正常黑板一样尺寸的"大尺寸交互显示界面"。交互式电子白板具有如下几点特征。

（1）多功能交互性。交互式电子白板相较于传统的黑板而言，多了计算机、投影仪等功能，构建了一个交互性极强的课堂教学平台，在一定程度上打破传统意义上的教学关系。交互式电子白板为师生提供了及时的响应性和实时反馈功能，既能增强课堂师生的互动性，也能激发学生上课的积极性和创造性。

（2）预设性与生成性。交互式电子白板在教学过程中预设性和生成性的运用是其发挥自身优势的有力体现。交互式电子白板的屏幕录制功能是将师生之间的各个瞬间记录下来，通过反复推演，进行视频回放和改正等，不断对数学课堂教学进行优化。

（3）可视性。交互式电子白板的功能是清晰的，具有显著的教学实践作用。教师可以通过交互式电子白板以图片、动画、视频等形式展播课堂知识点，也可以运用其功能展现知识点解析过程和学生的答题情况。

2. 交互式电子白板教学应用的优势

就传统多媒体教学辅助而言，交互式电子白板教学的优势有如下几点。

（1）教师能力得以充分发挥。交互式电子白板是社会进步的象征，是新技术对于传统教学课堂的改进，改进过程是很友好亲民的。因为充分考虑到一些老教师和计算机水平差的教师的接受运用程度，交互式电子白板将黑板、幕布、电脑整合为一体，构建了与传统教学环境类似的环境，使得教师的能力能够得以有效发挥。

（2）课堂更加活泛、易操控。交互式电子白板可以让课堂更加生动直观，主要原因是因为其强大的书写、绘画、擦除功能，以及这些功能对课堂教学的配合程度。不再像是传统多媒体教学辅助那样，固化教学中的预设内容，交互式电子白板可以给教师提供多种类型的数字化教学资源，并可以自行根据课堂需要进行修改、编辑、展示。

（3）促进师生关系，提高学习效率。交互式电子白板配备丰富的笔型以及笔色。当教师在讲解过程中遇到不同的教学内容，可以运用不同颜色和笔型的笔进行标注，以此引起学生的注意和兴趣，提高学生的学习效率。并且教师也可以依据教学进度和需求对授课内容进行实时的编辑修改，在交互式电子白板的帮助下随时进行沟通探讨课堂问题，使得学生能够即时地解决课堂问题，理解课堂内容。

（4）建立教学资源库。利用交互式电子白板，教师可以建设自己的资料库，这对提高课堂教学效果、减轻工作负担起着不可忽视的作用。所有对于动态展示的操作或者交互式电子白板上的元素控制，都为师生、生生对话提供创作空间。

（三）交互式电子白板在小学数学课堂教学的应用策略

1. 创设情境，激发学生学习兴趣

学习兴趣决定学习效果，如何引导学生进入学习的海洋尤为重要。学生一旦进入情境，便能随着教师的指引到达成功的彼岸。交互式电子白板在广大教师中得以认可和使用，其直观性、趣味性和灵活性对教学起到了很大的帮助作用。交互式电子白板用于小学数学教学，可以将学生带入数学题目的创设情境中，让学生更好地理解教学内容，使教学效果事半功倍。交互式电子白板在数学课堂的灵活运用，能够使学生的自主思考能力和合作探究能力得以提升，加深师生间的亲密关系，从而使学生更能沉浸其中，充分体验数学学习中的乐趣，最终达到学习目的。这种课堂教学形式在一定程度上是将以往传统的学生被动的教学形式转变为学生主动汲取知识的教学形式，是对数学课堂的高效打造，是让学生将"学会"和"会学"有机地紧密结合。例如，创设情境是激发学生学习兴趣的一种有效方法，创设情境可以通过创设与教学内容相关的情境，让教学进入情感领域，激发起学生的学习兴趣，并凭借情境，把知识的教学、能力的培养、智力的发展以及道德情操的陶冶，有机地结合起来，从而促进学生的全面发展。

2. 互动交流，培养学生思维能力

在传统的数学课堂教学过程中，学生一直处于被动的学习状态。因为在传统的教学预设中，教师的教案设计往往是先预设一个答案，然后按照预设一步一个脚印地进行固化的课堂授课。交互式电子白板打破了这一固有思维，以互动教学的理念进行授课，以此推进数学教学的改革，为师生搭建一个互动交流的教学平台。不仅仅是教师通过交互式电子白板进行授课，学生也可以通过其功能进行自主实践，开展合作学习，提高学习效率。通过自主学习合作，提高了学生的实践能力和逻辑思维能力，在一定程度上也锻炼了学生的自主学习的注意力，为师生关系建立了一个很好的沟通桥梁，能够让师生快速有效地进入数学学习氛围。例如，在互动式教学活动中，巧妙使用电子白板进行数学课堂教学，有利于在课堂中培养学生思维能力，调动学生数学学习的积极性、主动性。

3.巧用白板，突破教学难点

理论源于实践，小学学习阶段是一个很直观的学习阶段，教师应该充分运用生活实践，创设形象直观的数学教学素材。数学本身就是一门逻辑性很强的学科，好的逻辑体验一定是通过实践认证的，在传递和实践技能的过程中，特别是数学教学中的重难点知识点的教学过程中，学生对于直观图文的理解和运用更容易，通过将重难点直观、形象、生动化，让学生接受和理解重难点会更简单易懂一些，最终达到想要的教学成果，通过不断优化教学形式，提高学生学习数学的能力，为学生学习数学打下坚实基础。教师应当巧用互动式电子白板的功能，通过演绎说明，将数学运算过程直观形象地编辑出来，让学生充分理解和运用，例如，课堂开始时，教师可以巧妙地引导学生进入课堂氛围，让学生以最好的状态进入课堂，并且根据指引不断突破重难点，提高数据分析能力、解决问题能力以及逻辑思维能力，为学习奠定坚实的基础。

二、互动媒介技术下电子书包在小学数学课堂教学中的应用

新时代的小学数学课堂呼唤着教学理念、教学方法的革新。学生是学习的主人，教师应激发学生的学习积极性，帮助他们在问题探究和合作交流的过程中真正理解和掌握知识与技能、思想与方法，获得广泛的学习活动经验。进入21世纪以来，电子书包技术发展迅速，正是在这样的时代背景下，电子书包应用到现代教学中的创新模式。

当前，小学新课程改革正以前所未有的影响力和态势稳步地向前推进。新课程的背景下需要广大教师深入理解教材的同时，对于新媒体技术尤其是电子书包技术精确掌握，并且需要将电子书包教学技术使用到教学中去，将电子书包的网络化和便捷化运用到数学课堂中去。这是一次伟大的革新。我在电子书包的数学教学过程中，结合自己多年的数学教学实践，充分利用电子书包教学在小学数学课堂中的应用，依据新媒体技术学习理论，初步构建了适合小学数学课堂教学的问题探究教学模式。电子书包新型教学模式的应用能有效地激发学生的学习兴趣，加强学生的自主学

习能力，能够有效地提升学生的学习成绩，能够进一步培养学生的自主创新能力及互动能力。

（一）电子书包及其核心技术

电子书包提出的初衷是为了减轻广大中小学生的课业负担，可以使学生不再背着沉重的书包上学，而是把所有的课本、笔记本、作业、资料等存储在电子书包里。电子书包是新时代教育体系下一种全新的阅读方式，它主要将硬件和软件相互结合，在相关学术交流平台能够及时下载，以此来供学生学习。当前教育界对于电子书包并没有一个确切的统一定义，国内外教育界对于电子书包的定义也不尽相同。一般意义上而言，教育界专家认为：电子书包能将学习资源管理规划，能够将学习的过程统一记录，还能对各种有效学习方式进行交互式学习探究。时代在发展，现代小学也在经历着时代性的改革，电子书包也出现在各大小学课堂上。电子书包普遍被作为教学移动资源的基本设备，它能够对学生的学习起到一定程度的促进作用，对学生的学习有一定程度的提高。

1. 电子书包的认知

电子书包主要有以下不同观点。

（1）从硬件设备来看，电子书包是个人便携的学习终端；从系统功能架构来看，电子书包是为了学生能够进行个人学习的有效环境。

（2）电子书包是集学习、实践、考核、拓展为一体的主动式、立体化、网络化、便携的"电子课堂"。教师开展教育和科学研究、教学管理部门进行行政管理、学校和家庭进行交流的平台。

（3）电子书包是指配备电子课本、学习资料、个人学习档案、可供个人学习和互动的学习工具，电子书包支持多种有效可行的学习方式，信息处理能力强，无线通信方便，是集学习功能和通讯功能为一体的便携式个人学习终端。

（4）电子书包携带方便，数字教育资源丰富，具备多项服务功能。电子书包能够帮助于学生教育有关的各要素协同互动，是可以满足学习者个性化学习的移动媒体。

2. 电子书包的系统构成

电子书包系统主要由学习终端、学习资源和服务平台构成。

（1）学习终端。目前电子书包学习终端以平板电脑为主。自带WiFi无线上网，支持3G网络，系统软件支持Windows、Android、iOS等应用软件，满足学习者个性化学习需求。

（2）学习资源。学习资源包括课程库、学习工具库、试题库、教育游戏库等教育教学资源，以稳态、固态、动态等三种形态呈现。其中，稳态资源由教育主管部门和学校提供，如电子教材；固态资源内置于电子书包，如计算器、字典、教学工具等；动态资源是指通过服务平台获得的学习资源，如试题库、课外阅读资料、家庭教育资源、社会教育资源等。

（3）服务平台。服务平台是支持学校教育、家庭教育、社会教育以及协同教育的信息化教育平台，可以为学生、教师、家长、社会教育工作者等提供教育教学资源、学习管理与评价、协同互动等服务。

3. 电子书包的功能与特点

除了移动媒体中常见的基础功能，电子书包还有突出的教育教学功能。主要包括课堂同步教学功能、边听边记笔记功能、教学评估功能、记录学习情况功能、多方联系合作、交互功能及管理功能。电子书包主要有以下特点：

（1）学习终端方便携带，有很强的移动性。便携性是指学习终端的外观与教科书一模一样，重量轻，容易携带，支持学生书写、滑动屏幕、翻页；移动性是指学习终端具有无线网络连接功能。学生可以随时随地学习。

（2）多媒体和学习资源的小型化和多样化。在电子书包中，有多媒体内容相结合的数字资源，以及视听、动画等多种媒体格式的学习资源，电子书包中的资源可以创造形象生动、情境化的学习场景。小型化是指电子书包中的资源正在朝着微型的方向发展，方便学生在碎片化的时间内学习；多元化意味着电子书包不仅有学校教育资源，还有家庭与社会教育资源。

（3）支持服务多元化、服务个性化。电子书包的应用范围很广，包括学校、家庭和社会。用户也很多，包括学生、老师、学生家长和社会上从事教育的工作人员。因此，服务平台可以为用户提供适合其个性化需求的多种服务。

4. 电子书包的核心技术

电子书包的核心技术就是教学资源的交流形式，具有一定开放性，具体如下。

（1）现代信息下的移动特性，广泛支持学生的泛在学习。从广义上来讲，学生学习工具的综合构成了电子书包。和传统书包的体积相比较，电子书包的体积优势比较明显，电子书包的重量通常被控制在1千克之内，从这个角度来看，电子书包使学生的身体负担能够得到极大的缓解。与此同时，电子书包对于有线网络的依赖较小，能够方便携带。电子书包作为一种简易化、轻小化的电子容器，能够为学生带来一个轻松的学习环境，时间的碎化让学生随时随地都可以拿出电子书包进行系统的学习。

（2）现代教学体系下的立体化，支持教学内容的扩充。电子书包的一大特色就是包含的信息量较大，多元化的信息量给学生翻阅资料带来极大便利。学生在翻阅过程中，能够随时进行批注，进而进行思维的清晰化。学生对于大量的视频和音频文件也有着非同一般的喜欢，电子书包可以帮助教师在课堂上创造出轻松愉快的教学情境。与此同时，电子书包中还有很多的其他附加功能。教师和学生可以在电子书包的情境下进行课堂上来不及进行的问题对话，把数学课堂学习和其他多学科学习综合应用。在我们利用电子书包时，需要对学生的独立思考能力进行创造性培养，为以后的数学学习奠定坚实的基础。

（3）互动功能突出学生在课堂上的主体地位。随着新课程的推进，教师课堂上的教学方法越来越注重互动性和系统性学习，而电子书包正是体现了这些特点。有了电子书包，学生在课堂上是主体，在学习过程中，教师扮演着监督者的角色，发现学生在学习中的偏差和错误时，帮助学生及时纠正。与此同时，教师可以利用电子书包中的多媒体信息数据进行各种讨论和交流活动，让学生相互交流、讨论、学习，从而更好地实现教师的教学目标。

（4）轻松教学环境下的个性化，有效促进学生的个体发展。电子书包的优点虽然很多，但是依然没有办法取代传统教学工具，更是无法将当前小学数学课堂的传统教学模式改变。电子书包的出现从某种意义上来讲只是对教学模式的更新起到促进和推动作用。在以前传统的教学方式中，教师无法对每一位学生的实际情况进行系统的准确掌握，教师和学生之间的沟通不能达到理想教学的效果，学生一般羞涩不好意思当面请教教师。但是从这方面来看，电子书包却能够充分利用其优势，利用其信息数据共享的特性将学生的学习过程全面且生动地反馈给教师。教师通过此反馈信息能够及时地掌握学生的学习进度，进而能够根据学生的主要特点进行不同程度上的辅导，进而调整出教学的主要步骤和教学节奏。

（二）电子书包教学应用的系统构建

电子书包将成为未来智能教室中数字化教学系统的一部分，和教师机、电子白板、投影仪、资源服务系统来共同创建教学应用。电子书包的移动性使得课堂教学系统拓展到课外真实的教学情境中，使得教学能够跨越时空和地理空间的局限性，能够将"自由学习""随意学习"和"信息互动学习"完美契合。

1.电子书包教学应用的系统定位

目前我国关于电子书包的相关教学应用表明，电子书包是一种将现代教育技术和现代信息技术运用到完美的基础综合服务系统，它是基于学生的个性发展和移动教学相互发展的一种综合式的服务系统，基本采用移动终端、网络服务平台与教育内容相互结合的教学方式。

当前，在市场上最容易见到的电子书包是根据中小学生的学科学习辅导需求而进行研发的，主要是针对中小学生的课外服务产生。通过为中小学学生提供多姿多彩的课外辅导，从而对学生形成行之有效的教学辅导。从这些教学辅导中可以看到，电子书包的设计当前依然处于初级阶段，还只是处在辅助学习的资源包的级别，和最终的学习者的学习的个性化引导还存在较大的差别，这需要我们努力更新。

2.电子书包教学应用系统的构建内容

（1）硬件配置方面。电子书包在硬件方面的特性，与一般的笔记本或者平板电脑相比有着显著的区别。电子书包主要针对中小学生的学习需求以及特定的学生认知进行系统指定。电子书包的主要特色具体表现为以下方面。

第一，手势具有运算化特色。电子书包将触控屏幕及小电笔搭配的使用方式完全切合中小学生的认知特色。学生在使用过程之中，只需要将触控屏幕与小电笔搭配使用，触碰屏幕上的文字或者图片符号，电子书包便可以将具体的手势转化为过程控制及信息输入。

第二，电子书包便携且美观。一般电子书包的屏幕为8.9英寸，重量较轻，内置独立显示芯片，拥有独立的多媒体编辑和处理系统。这样来做，总体上一方面能够将图像和相关媒体学习的内容完美体现出来；另一方面由于容易携带能够激发学生探求数学知识的极大兴趣。

第三，具有长期耐用特性。电子书包的使用对象一般为各大中小学生，相对于传统配置，电子书包的配置更加耐用且使用时间较久。电子书包的硬盘经过严格的跌落配置，能够防止人为的碰撞所导致的电子书包的损害。

第四，快捷化的人文关怀。电子书包相比于传统书包，更能彰显人性化的关怀。从一些小的细节中便可以窥见一二。比如，电子书包中的一些学习日程管理、心情日志等都可以将学生的学习热情调动起来，让学生更容易投入进去。

（2）配套软件方面。电子书包内置有多种的软件资源，这些软件资源均是用来对学生的认知活动和个性化发展进行实时的和理论的支撑。这些教学资源的有效使用，可以辅助或者支持认知活动与个性化发展。我们根据资源的使用目的，能够将资源详细划分为以下方面。

首先，它是教育辅助软件。可以用作数学课程中提高数学教学效率的学习伙伴。

其次，它是一个绘图应用软件。电子书包系统内置的绘图软件可以轻松替换学习者的画册和彩色铅笔。

再者，它是一个教育游戏软件。电子书包中有一些有利于学习的教育游戏软件，这些教育游戏软件和常说的游戏软件不同，主要是因为设计开发这些游戏时，从提高学生的认知能力、思考能力、学习能力上出发，在设计过程中也考虑了学生的学习年龄和所涉及学科的阶段，进行针对性设计。

（3）网络服务。大体上来说，电子书包的网络服务功能是为学生提供可以移动的学习资源。随着当前电子书包技术的不断发展，如何提升网络服务资源成为衡量电子书包质量的重要标准。在这其中，常见的网络服务主要体现在以下三个方面。

第一，网络资源中心。网络资源中心主要为学生提供学习资料的下载。例如当前较为流行的icox电子书包主要侧重于对学校的考试复习资料进行收集。

第二，在线进行课本知识学习。主要通过在线网上课堂、问题答疑、在线考试及在线学习心理咨询等，使得平台成为学生和教师相互交流和相互学习的公共平台，使得学生一方面能够接触到当前最新的名师讲课的风采，另一方面也能够及时解决学习课本知识所遇到的各种问题。

第三，辅导教学版块。电子书包的一大特色便是拥有辅导教学版块，电子书包的辅导教学版块主要由家庭作业和在线一对一指导两种模块组成。家庭作业主要是在线的老师进行的课外辅导，功能包括在线作业、发布和编辑作业、允许家长查看作业及签署作业完成者。一对一辅导主要提供实时交流工具，让学生或家长可以使用交流工具与老师交流。

将电子书作为数学课堂成功推广的关键之一是电子书包中的一项功能——网络服务。只有通过先进的技术，才能开发出更有利于学习的强大网络平台，开发的平台要尽最大可能满足师生需求，有效提高学生掌握知识和思考实践能力。

（三）电子书包主题式教学的应用模式

作为一种新的教育工具，电子书包应用的有效性与教师的教学方式和学生在教学过程中学习方式有关。电子书包的应用模式以主题式教学为基础，在教学过程中，主要有如下的五个过程。

（1）在课堂上确定了课堂主题后，通过创建情境教学方法来讨论。教师在教学过程中，应运用电子书包中丰富的资源及多样的功能，运用新技术为学生构建一套适合学习的单元知识学习方式。从广义上讲，电子书包的资源应该包括三个主要组成部分：一是结构化资源，二是主题扩展资源，三是绿色网络资源。结构化资源提供了全面、结构化的资源，能够为大部分学习者所使用。不仅如此，还为学生整理了知识点，提供全面反映课堂教学内容的课件，符合学生的学习特征。主题扩展资源主要用于支持学生在感兴趣的话题上深入学习，实现学习目标，帮助为学生拓宽思维，解决课堂问题。电子书包除了提供上述两个资源外，还为学生提供了绿色网络共享资源，这是一套非常实用的学习资源。在绿色网站上，学生可以自主搜索切合学习主题的资源，一方面拓宽了自己的学习方式，另一方面提高了学生们自主学习和探索的能力。

此外，教师充分利用电子书包的简易特点，也就是重量轻、便于携带等特点，立足于真实情景教学，比如说在阳光明媚的户外、在家里或者在学校图书馆。

（2）分组共同协作，确定课题主题。教师应当充分利用电子书包的监控软件，实时地将学生的课题进行归纳整理、确定学习单元，最终确立不偏离主题的教学目标。同时按照不同的分类方式安排小组成员进行协作学习。

（3）交流讨论，共享经验。各个学习小组在数学教师的指导下进行小组交流和讨论，将彼此的学习经验分享出去。

（4）学习总结和反思，成果呈现。各个小组将小组的学习总结和相应的反思结果呈现在网络教学平台。

（5）教学评价和测试。通过小组讨论对教师进行教学评价，且为下一轮的教学奠定基础。

总之，电子书包的教学模式在我国尚处于萌芽状态，还没有形成系统的教学模式。但是，电子书包教学模式却让教学看到了未来前进的方向，这就是通过现代多媒体教学方式引导数学课堂，通过现代多媒体技术将小学课堂带进一个新高度。

（四）电子书包在小学数学课堂教学中的应用策略

当前小学数学课堂中关于电子书包的应用十分广泛，目前小学经历着现代化技术的变革，电子书包教学模式广泛出现在小学数学课堂，对学生的学习有一定程度上的提高。电子书包的核心技术就是丰富教学资源的交

流形式，具有一定开放性。以下就电子书包在小学数学课堂教学策略方面
展开论述。

1. 电子书包在小学数学课堂教学中的模式构建

研究教学模式主要取决于当前理论和实践，将小学数学理论知识作为
教学实践的主要依据。这样既可以对教学实践展开理论支撑，又能为教学
工作提供理论的验证。本书主要着眼于电子书包在小学数学学科教学中的
应用模式的构建。

应用模式主要分为两大类：一是在充分运用调研文献的基础上，运用
教学理论，结合当前国内已经成熟的教学体系，构建出一套全新的数学教
学模式，且在小学数学课堂切实地开展；二是教学模式则是从当前的小学
数学教学实际出发，从试点小学数学教师的实际角度出发，充分借鉴国内
外优秀的教学案例，在此基础上对自己的教学工作进行归纳总结，上升到
全新的理论高度，为自己的数学课堂创造出全新的理论格局。

（1）数学概念的形成：获得教学模式。数学概念，是指能够清晰代
表且能够详细说明的一整套必要解释的符号。小学数学是当今学生的基础
教学学科，是一门重要的素质应试教育学科。数学的学习主要集中在：定
义、公式及相关的法则概念等知识内容。比如，周长和圆周率的定义，分
母的定义，加法乘法的运算法则等。小学数学教材的每一个单元都是介绍
全新知识点，教学的每一个知识点都是全新的教学内容的开始，数学逻辑
问题及相关数学问题的解答能力都是全部建立在数学概念的学习上。学生
只有充分认识并理解到概念的定义及相关内涵，才能进一步进行数学运
算，然后进入到更为复杂的学习中去。但是因为数学概念比较抽象，小学
生接受这样的文字概念较为困难，这就需要在概念学习中充分将直观感受
认知应用到教学实践中去，在教学中加入更多的感性的引人思考的材料。
在引入新的数学概念到教学中时，需要借助教具和动画演示等方式展示生
活中的细节和实际例子或者生动的形象，为学生创造熟悉且轻松的教学环

境，从感性教学中慢慢过渡到抽象概念的认知中去。

数学概念的学习主要涵盖概念形成以及概念认知两个部分，概念获得的一大基础就是概念形成。在传统的教学方法中，教师通过讲解引入概念，然后再引导学生探究。在这种旧教学方式中，存在的缺点是学生对概念的主动性不足。本书构建的数学创新模型相比传统教学方式有了很大改善，本书探讨了获得课堂学习的理论，在教学过程中更加注重掌握所学课程的结构，而不再注重追求现成的正确答案，数学创新模型强调学习过程而不是呈现的学习结果。电子书包作为数学创新模型教学的主体，为教学创造一个相对真实的环境，为学生的参与提供充足的资源，教师积极地引导学生思考，让学生发现概念，更好地理解概念的性质及概念的含义。在学习过程中，教师可以快速引导和启发学生，有效地帮助学生尽快理解概念，通过多种练习帮助学生学会应用概念，鼓励学生运用直觉思维逻辑等多种思维方式去思考问题。

另外，需要及时掌握学生获得知识的情况进度，帮助学生解决问题，促进学生对于概念认知的形成。电子书包作为载体能够将多种格式的资源全部导入进去，系统的快速发展和资源的全面普及，为学生的学习提供了丰富的资源，比如，互动动画、三维旋转模型等资源对学生学习数学知识帮助很大，在创造情境的同时搭建模拟学习环境的场景。学生通过触摸屏与资源互动，亲身体验，并通过自己的参与理解概念。在学生探索和操作过程中，课堂监控系统让教师实时了解每个学生的情况，及时解释学生遇到的问题。

（2）掌握学习教学模式。教师掌握学习理论知识，通过测评诊断学生水平，进行知识讲解，以及在对教学的矫正、再次测评的不断循环反复的过程中促进知识的学习。而小学数学学习在形成了知识的概念后需要进一步在练习中深化概念的理解。基于问题电子书包的课堂学习具有以下特点：①学生是课堂教学活动的主体；②课堂学习过程是以自主合作探究为主的，学生之间是协商合作的关系；③学生的学习是以问题为中心的；④电子书包成为主要的学习工具。

因此，学生在课堂学习过程中一定要注意以下学习策略。

第一，强烈的问题意识。一旦有了问题意识，必然会有兴趣解决问题，对知识本身也会产生相应兴趣，也正是因为如此，学生才会在心里产生学习倾向。在当今的信息技术教育越来越普及的过程中，新知识往往是从人们现实生活中的问题中汲取的，更贴近原始生活。这些在现实生活中出现的问题，必然会激发学生的学习兴趣，从而激发解决这些问题的强烈欲望。

第二，小组合作的方式进行探究学习，让学生积极参与到问题的解决过程。电子书包课堂教学模式强调学生的主体地位，需要学生主动参与，学习任务主要通过学生在小组自主合作探索中来实现。在教学过程中，小组合作是一种常用的学习形式，其中学生根据他们探索问题的兴趣分组，通常每组3—6人，小组成员一起完成一个研究项目。在合作过程中，团队成员应同时分工合作。学生必须学会通过多种渠道主动获取、处理所需要的信息，同时还要与小组成员交流和协作，共同完成老师制定的学习任务。

第三，将电子书包技术当作学习工具。学生在处理信息时，要学会科学地使用信息工具，这能高效地帮助解决他们在学习过程中面临的问题。信息技术作为电子书包课堂教学过程中的认知工具主要体现在以下五个方面：一是获取课堂学习内容和资源；二是情境探究，发现学习内容；三是协同探究学习与交流；四是知识构建和创造性实践；五是自我评估和学习反馈。有效利用信息技术以及学习资源，不断强化和开发学习资源，这也是电子书包课堂教育模式的重要特点。

2. 电子书包在小学数学教学模式中的应用策略

由于教学情况复杂多变，而产品能力也有一定的限制，在和师生进行持续的交谈，以及听课后发现，电子书包这种课堂教学模式，在教学过程中还存在不少问题。为结合电子书包智能学习平台的特点，将电子书包应用于小学数学中。

教师在得到"即时反馈系统"的评价结果后，要进行及时的分析从而调整自身的教学计划。电子书包有即时反馈系统，通过这一系统可以看到学生的真实意见和真实情况，有别于传统教学模式中的问答方式，也有别于通过纸和笔的评价方式。因此，在这种学习教学模式中，教师在对学生进行实时评价后，必须根据评价结果诊断教学过程，使用电子书包得到反馈结果后，必须及时调整教学计划。根据学生的回答方式进行合适的调整。

（1）利用电子书包，问题设置"教材化"及其对策。利用电子书包进行教学，在实际教学中，有不少教师的问题设置总是脱离学生的生活实际。仍是"带着教材走近学生"，而不是"带着学生走向教材"，问题设置存在"教材化"倾向。如设置的问题情境缺乏生成性，或脱离学生的认知水平，或是漠视学生的情感因素等。针对这种情况，我们教师要特别注意创设问题情境。因为，问题情境的创设在电子书包课堂教学中发挥着三个重要的功能：创设问题情境是激活内部心理条件的重要前提，问题情境的探究与解决是确保思维过程顺利进行的条件，问题情境应作为诊断学生智力发展水平、评价教学效果的手段。因此，教师应采取各种切实可行的具体方法来设置问题情境。

（2）利用电子书包，问答主体"教师化"及其对策。让学生自己发现问题、提出问题并不是一件容易的事情。通过电子书包，让学生融入课堂教学中，并在教学中担任主角，主动融入课堂中去。通过问题的问答让课堂教学变得轻松可行，通过课堂的问答让教学变得简单易行。电子书包教学更加需要教师在课堂上做好引导作用。在教学中应要求学生从仔细阅读入手。在此基础上，再联想其他相关知识，理性思考，并反复质疑从而发现存在的问题。当然，让学生学会提问的最有效的办法是教师的示范，教师可站在学生的角度，示范地提出问题。

（3）利用电子书包，思考时空"狭窄化"及其对策。

第一，在实际教学过程中，利用电子书包教学的信息技术。电子书包教学是一种全新的教学模式，这种教学模式可以超越时空的局限性，使得教学更加方便易行，这种教学模式需要教师及时和学生做好沟通。只要沟通，问题便会存在，通过电子书包的应用，能够让问题网络化，在网络上解决问题。可以这样说，问题无处不在，无时不有，只要把学生的思路引入问题的关键，学生提的问题就会不断地由浅入深。

第二，教育模式必须与课堂上所用到的策略保持一致。通过电子书包即时性的特征，能够有效改进过往教学模式。即时诊断可用于确定学生的学习状态，在学生回答问题的过程中可以找到学生存在的问题，得到的结果可帮助确定解释所需的时间。但在运用电子书包的过程中也发现，不少学生在学习过程中，引发了自身对电子产品的好奇心，导致他们都把注意力集中在电子书包上，未能将知识倾注到学习知识内容中，也难以专心听课。如果产品有轻微故障，学生就会全然关心这一故障。因此，应该建立适当的规章制度来遏制这种行为，应该制止学生在课堂上常做出影响学习的行为。由于时间的压力，一些表现好的孩子并没有立即反映学习效果，少部分学生将即时反馈当作游戏来自由反应，导致统计结果不能完全反映学生们实际的学习情况。因此，电子书包的教学模式应用必须有配套的课堂规章制度，在使用过程中，学生不要紧张，不要乱反应，提醒学生遵守规范的课堂要求。

第三，在模式使用过程中，教师的课件内容要与学生同步。在数学课堂上，教师的教学进度和讲解节奏应该根据实际情况，进行适度调整，要和中间程度的学生匹配。针对这种教学情况，学习能力强的学生会觉得老师课堂教学进度缓慢，然而理解能力差的学生觉得教学节奏太快，跟不上课堂进度，甚至会担心由于自己的原因会影响整个班级的教学进度。对于自己不理解的知识点和问题，也不敢向老师提问，渐渐他们就选择放弃了。现在，电子书包的设计是个性化的，每个学生一个，老师可以加快原文的解释速度，把电子文件分享给同学们，让学生在课堂上通过电子书包直接接收文件，学生可以多次查看文件内容。有疑问时，可以向老师个别请教，解决自己学习过程中的困惑。在学生放学后，他们还可以随时查看老师提供的电子文件，非常方便。

三、互动媒介技术下云教育在小学数学课堂教学中的应用

（一）云课堂教学应用的认知

1. 云计算

互联网上的云计算服务特征和自然界的云、水循环具有一定的相似性，因此，云是一个相当贴切的比喻。根据美国国家标准和技术研究院的定义，云计算服务应该具备以下特征：①随需应变自助服务；②随时随地用任何网络设备访问；③多人共享资源池；④快速重新部署的灵活度；⑤可被监控与量测的服务。有了云计算，人们就可以随时随地体验每秒10万亿次的运算能力，只要将电脑、手机等设备接入云平台的数据中心，就可以按照自己的需要进行计算。比起使用本地的计算机，云计算依靠远程服务器上更加强大的系统，是一种更加可靠快捷的计算模式。

近年来，云计算得到了包括亚马逊（Amazon）、谷歌（Google）、微软（Microsoft）、IBM等国际知名IT厂商的青睐，它们纷纷投入巨资进行前沿技术的研发以及标准的制定，都希望在云计算领域占据主导地位。在国内，知名科技公司阿里、联想、华为、腾讯、百度、中国电信、中国联通、中国移动等，甚至是各大高校、政府部门，都在积极推进云技术的产学研用合作，大家都把云计算作为引领新时代信息技术创新的重要产业机遇。云计算也渐渐地从一个概念转变成了各式各样的产品，深入了各行各

业，使得各个行业的运行模式都有了很大的变革。

2. 云教育

云计算给社会带来了这么大的变革，对教育自然也产生了深远的影响。云教育（Cloud Computing Education，CCEDU），是指基于云计算商业模式应用的教育平台服务，云技术平台的开发及其在教育培训领域的应用，简称"云教育"。在云平台上，所有的教育机构，培训机构，招生服务机构，宣传机构，行业协会，管理机构，行业媒体，法律机构等都集中整合成资源池，各个资源相互展示和互动，按需交流，达成意向，从而降低教育成本，提高效率。

云教育的出现，让我们思考着未来的教育变革。当我们思考着未来的教育选择时，我们有必要回顾历史。教育发展至今，经历了几次大的变革，每一次传播媒介的改变，都给教育带来了深刻的影响。

文字记载强化了信息的传播，虽然可靠性提高了，但是受教育范围仍有局限性。印刷术的出现改变了这一状况，给教育带来的影响也是革命性的。印刷体的书籍、课本成了文化传播的主要载体，由此推动了文化的传播。人们不仅可以向老师学习，而且可以向书本学习，通过不同人编写的书学习不同的思想、知识、技能。印刷的发明，使得知识的传播速度与广度逐渐增加，能把知识传得更久远。"班级授课制"也就是这个时代产物，人们把孩子们送入学校，按照基本相同的年龄编排班级，规范了教材和教学进度，让儿童们能更系统地学习文化知识和技能本领。在工业革命中，教育演变成了如今的模样，有了标准化的流程，教育出标准化的学生，虽然整体而言，教育的效率比前两个阶段有了较大的进步。

云教育的出现打破了传统的教育信息化边界，它推出了全新的教育信息化概念，突破了时间、地域的限制，让每一个人都可以自己决定要学习的内容，何时学，要怎样学，学到怎样程度。这样的学习，可以让每一个学习者都更热衷地参与到学习过程中来。让教育部门、学校、教师、学生、家长及其他教育工作者，这些不同身份的人群，可以在同一个平台上，根据权限去完成不同的工作。无论是对于教育者，或者受教育者而言，云教育的优势主要有以下方面。

（1）成本低廉。云教育技术能在极低成本的条件下为教育机构提供高级计算机系统的使用权。只需要将网络连接到它们高效的服务器设备上即可。不需要浪费钱财在纸质材料或硬盘等记忆存储材料，不需要租用专门的培训场所。老师们和学生们也无须再去费心打印那些冗长的文件。学生的培训费用也能因此降低不少。

（2）存储便捷。所有数据，包括那些容易被攻击的或者特别重要的文档，都将存储在云中。可以存储任何类型的数据：文本、音频、图片、电子书、应用程序等。因此，再也不用随身携带着诸如U盘、移动硬盘等各种存储设备了，可以从常常找不到U盘的痛苦中解脱出来。

（3）随时备份。云端的数据自动保存是一个最实用的功能，信息不会丢失。即使家中电脑出现系统崩溃或者安全漏洞，云上的内容仍然是安全的，依然可以从云端获取信息。并且，和纸质材料一样，进行中的作品不会因为台风的突袭带来的电力中断而丢失。

（4）容易获取。通过笔记本电脑、PC机、平板或者手机设备，都可以轻而易举地读取存储在云端的数据，甚至可以在任何地方来获取信息。因此，云教育技术可以用来帮助那些处在比较落后地区的人们，使他们能够足不出户就获取到发达地区的知识。

（5）共同分享。有了云教育技术，可以让更多的用户同时获取他们各自想要的内容。人们不必争吵却可以同时获得不同章节或者内容的知识，获取相同知识的人又可以利用云平台进行相互间的讨论。这是一种高效的教学模式，它可以优化团队项目，合并课程计划。

（6）省时高效。云教育可以为教育者与被教育者双方节省不少时间。

导师们把学习任务发布到云端，反之，学生通过登录云端获取导师布置在网络上的任务，双方灵活安排自己的学习时间，不必互相制约。学者们也可以在云端完成他们的任务，随时保存以便日后再完善。

（7）节约人力。有了云技术，培训机构所需要的工作人员就可以减少了。利用工程师们架构好的云平台，培训机构不需要考虑技术问题，可以减少行政、后勤人员，同时需要的教师人数也可以减少。

（8）各取所需。云教育给予了受教育者高度的选择权。在云平台上，有海量的学习资料可以供学习者选择。各种知识都分门别类展现，让人们可以很方便地获取自己感兴趣的内容。与此同时，在优胜劣汰的环境下，也促使教育者提升自己的教学技能，让课程更加有趣、更加易学。

云教育技术让不同教育背景、不同地区的人们，聚集在虚拟的空间中，共同学习。人们离终身学习又更近了一步。

（二）云课堂在小学数学课堂教学中的应用策略

在通常意义上而言，教学策略是指在不同的教学条件下，为达到不同的教学结果所采用的手段和谋略，它具体体现在教与学的交互活动中。教学是有目的、有计划进行的活动，教学准备是教学活动的第一步，教学准备的策略是教学策略中的第一步。在传统课堂中，我们需要备好教学目标、教学主体和教学材料。在云课堂中，主要从以下方面对应。

1. 教学目标的细分策略

不管是线上还是线下教学，教学三维目标：知识与技能（knowledge & skills）、过程与方法（process & steps）、情感态度与价值观（emotional attitude & values）都应该得到重视。三个目标作为一个整体，综合性地评价学生的全面发展。《义务教育数学课程标准（2011年版）》在教材编写建议中"教材在呈现相应的教学内容与思想时，应根据学生的年龄特征与知识积累，在遵循科学性的前提下，采用逐级递进、螺旋上升的原则，这么编排的要求是符合孩童的认知规律，从简单到复杂，从直观到抽象，是一个由浅入深、循序渐进的过程。"

网络上的知识可以反复地播放，那么当学生在学习时出现困难，可以退回去再看一遍，再听一遍；相对地，优生也可以选择快进或者跳过已掌握的知识点，进行下一层次的学习。知识与技能的掌握比起传统课堂更加有效。我们在设置数学课教学目标时，可以再进一步细分，可以将相关知识点进行关联。

2. 教学主体的准备策略

学生作为教学主体。如今的学生每天都会从事多种的读写活动。除了课内学习，生活中处处有媒体，从印刷字到电视电影再到网页、游戏，学生们每天平均与媒体接触时间较多。不仅如此，他们还常常同时接触多个媒体，可能一边看电视一边发微信一边还在看书。他们在网络上获取信息，有问题就问百度、谷歌，几秒钟内就有几百万条答案以视频、音频、图片、文字的形式呈现在他们的面前。因此，他们盼望的教师是能够带领他们穿行在信息时代的领航员。面对这样的学生，可以在云教育中，更注重去培养学生的思维，学生的思维不靠做题培养，数感的培养更为重要。培养数感，方法很多。在云课堂中，游戏法是一个很不错的选择。利用孩子们喜欢游戏的特点，将数数融入游戏，逐渐培养学生数感的过程，能够让学生多维度地去思考和解决问题。同时在教育的过程中，让学生动手操作，云教育可以增强师生间的互动，让学习的过程更加有趣，再次加强成功的喜悦。

3. 教学实施方式的策略

在线教学减少了许多传统课堂中需要面对的困难，没有了课堂纪律问题。在云教育平台，老师可以选择舒适的教学环境。与此同时，学生也可以选择上课的地点，可以在家里完成学习还可以到学校完成学习。当教师与学生不在同一个空间中的时候，教学实施的方式将会与现有课堂有巨大的不同。目前，有以下方式可以支持学生在线学习。

（1）录播课模式。老师们可以通过在上课时录制教学视频并上传到网络平台，供给学生学习。目前，这种方式也是最常见的。教育部的国家教育资源公共服务平台开展的"一师一优课，一课一名师"活动里就收录了不少全国各地老师们的优秀课例。目前，每一个相同的课题都有许多不同的老师进行教学，学生们可以自行选择喜欢的课例进行学习。录播课是在老师上课时候录制的，因此也包含了课中学生的各种表现。通过录播课学习，不仅能听到老师上课，还可以听到其他同龄孩子的思考过程。有了网络平台，即使是身处在山区，也可以当城市里名校老师的学生了。但这种模式目前还只是学生向老师学习，却少了师生互动环节。

（2）微课模式。除了边上课边录，微课也是目前在云平台上较容易找到的教学模式。根据中小学生的认知特点和学习规律，"微课"的时长一般为5—8分钟，最长不宜超过10分钟。因此，相对于传统的40分钟一节课的教学课例而言，微课没有传统课堂中那么多的教学环节，只针对某个知识点进行讲解。

（3）在线一对一学习模式。在线的一对一教学是传统培训辅导机构在互联网上的延伸，也就是将传统补习班由线下搬到了线上，打破了地域的限制。在小学数学方面，一对一学习可以解决以下问题。

① 补差性学习。部分孩子在课堂上，跟不上老师授课节奏，适应班级授课有困难，从而在数学计算和接受基本规律时比较慢，理解难，造成计算能力比同样的学生低，解决问题理解能力弱，几何分析能力不足等。所以，针对这些状况，在线老师可以辅导学生：基本概念的认识，基本问题的理解，基本方法的掌握，从认识，到感知，到练习，到技巧基本全部包含在内。

② 同步性学习。同步性学习主要是针对孩子在学校知识的巩固。一年级到三年级的内容，一般学生上课都能听懂，需加强的是对于课内知识的练习以及巩固，让孩子可以做到真正消化了课内的知识点，能够举一反三。四年级到六年级，学习内容增多，难度逐步提升，学生成绩开始出现差异化，更需要加强对课内知识的强化和巩固，同步性学习成为必要的学习。同步性学习课程要做的就是帮助孩子，对学校的知识进行巩固以及阶段性检测。

③ 提高性学习。一般孩子到了小学四年级差异开始出现，到了小学五年级，数学上的差距就拉大了。一年级到三年级，教学内容以认识数和加减乘除的基本运算为主，应用题、几何、统计等内容都比较简单。一年级到三年级可以重在培养整个数学基础和计算习惯。四年级到六年级，主要针对孩子数学的思维方法和解决问题能力的培养。提高性学习课程会为孩子做好阶段性的重点辅导和突破，帮助孩子更上一层楼。

这样的一对一在线辅导具有以下优点：第一，时间灵活。定制班上课时间灵活，孩子可以根据自己的时间情况灵活调整上课时间，学习时间更合理。第二，效率提高。定制班辅导能够使孩子更加集中精神，积极与老师互动交流，效率提高，提分更快。第三，因材施教。根据孩子的实际情况进行个性化辅导，查缺补漏，专项突破，有效提升，提高兴趣。

（4）教学评价策略。在云教育体系中，有不少工具平台，可以辅助我们把教学评价做好。

① 课堂管理软件。班级优化大师软件是一款针对学生课堂行为管理的软件。它可以调动班级的学习氛围，并带来游戏化的师生互动教学体验，是目前班级教学中发挥云课堂的优势的好助手。班级优化大师支持较多的平台，可以在网页或者移动设备端进行操作点评，在课上课下都可以给学生发送点评反馈。任课老师可以给学生发送奖励与批评，可以查看班级和

学生的报表，可以添加或编辑"表扬"及"待改进"的类型与分值，可以针对课堂表现、作业、学习态度等各种内容进行评价。家长们也可以加入到班级中，查看自己孩子的表现。同时，在完善评价机制的情况下，利用长时间积累的统计数据，可以了解每一个孩子的闪光点和短板，有目标地去关心每一个孩子，使每个孩子都能全面发展。教育部的"三通两平"项目中出现的和校园、智慧课堂等产品，也有类似功能的应用，能帮助我们更全面地进行学生评价。

② 作业辅助类应用。作业盒子是一个致力于数学辅导的移动设备端学习工具，分成初中版和小学版，主要针对作业练习。在学生端，作业盒子的方式是解决提交作业，客观题直接填答案，主观题通过拍照上传；在老师端，作业盒子提供了出题、自动批改、Doodle工具等功能，帮助老师们快速批改作业，获取学生们对于知识点的掌握情况，作业结果数据分析等。在手机应用的辅助下，老师们能聚焦学生的学情分析、调整教学策略，布置适量、精准、有效的日常作业。对于学校和老师来讲，这也是实现个性化教学的一个入口。

练习的数据是了解学生知识巩固情况的最好路径，有了APP应用的帮助，配合上学生使用的数据，可以给题库打上标记知识点、考点、难易度和解法的标签，这样通过每个学生答的每道题，就能体现他对于知识点的掌握程度，老师再次布置作业的时候就可以根据学生的知识掌握情况推送不同题目。例如如果出现分数比大小的题，做了三次，都做对了，下次就会自动屏蔽掉。因为这是学生已经会做的，不必再重复练习。而针对学生出错比较多的地方，老师可以再布置针对性的题组训练、录制语音答疑点评，能够极大程度放大老师的教学效果。

类似的应用工具还有一起作业，猿题库等，此类应用的出现，帮助老师们强化了日常作业的效率，然后再基于作业产生的问题延展，且学生可以利用碎片化时间学习没有增加额外负担。自主练习、答疑、录播课、直播课都会自然而然变为一种基于数据的个性化服务。

由此可见，在云教育技术的发展下，越来越多的教育创新类应用为我们的课堂和课后学习辅导带来变革，有大数据的支持，我们的教学活动将更有的放矢。

结　束　语

　　数学是人类文化的重要组成部分，数学素养是现代社会每一位公民应该具备的基本素养。作为促进学生全面发展的教育的重要组成部分，数学教育既要使学生掌握现代生活和学习中所需要的数学知识与技能，更要发挥数学在培养人的思维能力和创新能力方面不可替代的作用。为了适应时代发展对人才培养的需要，数学课程还要特别注重发展学生的应用意识和创新意识，因此，在小学数学课程中，应当注重教师教育方法的多元化，力求为学生后期的数学学习打好基础。

参 考 文 献

［1］曹洪辉.关注教学"五化"　突出数学本质［J］.中小学教师培训，
　　　2014（8）.

［2］陈明华.数学课堂教学中师生交往的有效化［J］.课程·教材·教法，
　　　2005，25（10）.

［3］陈薇，张春莉，朱宇辉.小学数学教学设计变革的实验研究［J］.
　　　课程·教材·教法，2020，40（7）.

［4］陈贤丽.小学数学课堂提问的技巧［J］.教学与管理（小学版），
　　　2009（5）.

［5］陈祥彬.在小学数学教学中渗透数学思想方法［J］.课程·教材·
　　　教法，2010，30（7）.

［6］陈奕桦，付倩兰.教学方法对小学生数学课堂参与度影响的实证分析
　　　［J］.数学教育学报，2017，26（4）.

［7］高琼，陆吉健.核心素养导向下数学互动协作式学习模式探索［J］.
　　　中小学教师培训，2021（1）.

［8］龚祖华.优化数学课堂教学应处理好"四个关系"［J］.中小学教师
　　　培训，2020（6）.

［9］哈斯塔娜.在小学数学教学中善待学生在课堂中出现的错误［J］.
　　　内蒙古师范大学学报（教育科学版），2010，23（10）.

［10］何伟. 小学数学教学中生活化教学模式实施［J］. 启迪与智慧（上），2021（3）.

［11］黄安榴. 小学数学有效课堂教学的途径与方法［J］. 当代教育论坛（教学版），2010（1）.

［12］黄莲花. 新课程下小学数学课堂教学存在的问题及对策［J］. 内蒙古师范大学学报（教育科学版），2008，21（8）.

［13］蒋敏杰. 小学数学课堂交流的问题诊断与改进策略［J］. 现代中小学教育，2014，30（1）.

［14］康鑫. 小学数学教材的分层解读［J］. 教学与管理（小学版），2017（6）.

［15］孔庆国，谷凯. 小学数学自主解决问题课堂教学模式的研究［J］. 现代中小学教育，2002（11）.

［16］李志成. 新课标下的小学数学开放式课堂教学探索［J］. 内蒙古师范大学学报（教育科学版），2005，18（8）.

［17］林进春. 小学数学教学中情境的创设［J］. 教育评论，2001（6）.

［18］蔺梦迪. 浅谈小学数学课堂中有效提问的意义和策略［J］. 当代家庭教育，2021（9）.

［19］刘贤虎. 基于深度学习小学数学问题教学模式的建构与实施［J］. 中小学教师培训，2021（3）.

［20］刘勇. 小学数学课堂教学目标分解的道与技［J］. 教学与管理（小学版），2021（1）.

［21］卢清荣. 小学数学建模教学中数学语言的转换［J］. 教学与管理（小学版），2019（2）.

［22］彭国庆. 小学数学教学中学生"解决问题"能力培养的方法［J］. 教学与管理（小学版），2012（11）.

［23］邵万强. 小学数学探究性学习的实施［J］. 现代中小学教育，2009（1）.

［24］宋乃庆，周莞婷，陈婷，等.小学数学教师"问题提出"的教学信念研究［J］.数学教育学报，2019，28（4）.

［25］苏红.探究小学数学课堂中的预设与生成［J］.文理导航（下旬），2021（4）.

［26］王慧娜.小学数学课堂情境教学的实践探索［J］.现代教育科学，2018（10）.

［27］王九红.小学数学教学智慧的内涵、表现与特点［J］.教学与管理（小学版），2021（3）.

［28］王仕静.小学数学课堂教学中教师如何有效提问［J］.读写算·素质教育论坛，2016（13）.

［29］王永春.小学数学教学中小组合作学习存在的问题及其解决策略［J］.课程·教材·教法，2002，22（8）.

［30］吴广和.小学数学自主学习课堂的构建［J］.教学与管理（小学版），2013（3）.

［31］吴艳萍.互动教学在小学数学高年级教学中的运用［J］.课堂内外·教师版（初等教育），2020（12）.

［32］吴瑜.小学数学课堂讨论效率的提高［J］.教育评论，2006（5）.

［33］杨新宇，李运华.核心素养培育与小学数学概念教学的耦合［J］.现代中小学教育，2021，37（4）.

［34］叶宁."小学数学教学法"课程中合作学习模式的探究［J］.教育与职业，2014（5）.

［35］雍康俊.核心素养视角下小学数学课堂教学方式探析［J］.家长，2020（34）.